Borja Baselga Canthal
Director Gerente
Fundación Banco Santander

Para Fundación Banco Santander es un placer presentar *Un tiempo elástico (2013-2023)*, la exposición que conmemora el Premio a la Producción Artística Fundación Banco Santander - Open Studio, gracias al cual durante una década se ha brindado apoyo a jóvenes creadores emergentes en su trayectoria profesional.

Este premio surgió con el objetivo de dar visibilidad a artistas alejados de los circuitos comerciales a fin de ofrecerles una residencia en un estudio colectivo de Madrid, así como una dotación económica para la producción de obra. Pasado el tiempo, es motivo de orgullo comprobar cómo este galardón ha marcado un punto de inflexión en las carreras de muchos de los premiados.

El arte contemporáneo documenta los valores y desafíos de nuestra época, y contribuye a la memoria colectiva y al legado que dejaremos a futuras generaciones. Apoyar a jóvenes creadores es clave para fortalecer el futuro del arte y enriquecer el ecosistema cultural con nuevas perspectivas.

En este sentido, la presente exposición no solo celebra el talento de los premiados; es también una invitación a reflexionar sobre los cambios en el panorama artístico español durante los últimos diez años. Con esta iniciativa, la Fundación Banco Santander reafirma su compromiso con la creación artística y su propósito de acercar el arte contemporáneo a la sociedad.

Por último, desde estas líneas, deseamos felicitar a los diez artistas premiados por su talento, destacar la magnífica labor de comisariado realizada por Beatriz Alonso, y agradecer a todos aquellos que han hecho posible este proyecto, especialmente a Open Studio, cuya colaboración ha sido fundamental.

AF275384

María Eugenia Álvarez
Directora
Open Studio

En el año 2012, desde la Asociación Open Mind Arte y Cultura (Open Studio) presentamos a la Fundación Banco Santander una idea que nació de innumerables conversaciones con artistas en sus estudios, a saber, un premio que impulsara las trayectorias de los jóvenes creadores residentes en España y que brindara los recursos necesarios para la producción de su trabajo. La propuesta despertó su interés y la colaboración se puso en marcha de inmediato.

En aquel entonces, supimos identificar la importancia que tenía para los artistas emergentes poder realizar una residencia en una ciudad como Madrid; una urgencia que hoy en día sigue presente. Además de dotar de recursos para la producción artística, quisimos ofrecer un espacio de trabajo que fuera un estudio compartido con otros artistas. Con esta premisa surgió el Premio a la Producción Artística Fundación Banco Santander - Open Studio, el cual ha fomentado a lo largo de los últimos diez años un riquísimo intercambio de ideas y conocimientos, sinergias y, lo más importante, ha forjado amistades que perduran hasta el día de hoy.

Con el propósito de conmemorar esta década, la exposición *Un tiempo elástico (2013-2023)*, comisariada por Beatriz Alonso, reúne el trabajo de los diez artistas ganadores y pone en valor su talento. Una muestra que no habría sido posible sin el generoso acompañamiento, a lo largo de estos años, de los once comisarios miembros del jurado y los cinco estudios de artistas de Madrid que, sin lugar a duda, han posibilitado que el ecosistema artístico contemporáneo en España, hoy y mañana, sea más fructífero.

Desde Open Studio deseamos que esta muestra y la presente publicación sirvan para apoyar y reconocer las carreras de estos jóvenes creadores, así como ofrecer una mirada sobre los diferentes lenguajes, intereses, críticas y preocupaciones del tejido artístico actual. Todo ello, contribuye a que Open Studio refuerce su compromiso de apoyar, promocionar y difundir el trabajo de los artistas y el arte contemporáneo.

Para finalizar, queremos agradecer a la Fundación Banco Santander y a todo su equipo su imprescindible colaboración; a Tania Pardo por su implicación; a los comisarios y estudios por formar parte de un premio tan necesario para impulsar las trayectorias de los jóvenes artistas; a Pilar Díaz Buil por su mecenazgo durante todos estos años, y, especialmente, nuestro más sincero agradecimiento a aquellos sin los cuales todo lo que hacemos no sería posible, los artistas.

Un premio, diez artistas, cinco estudios y algunos dosieres

En el año 2006 se publicó la edición original de *Letters to a Young Artist,* inspirada en las cartas a un joven poeta de Rainer Maria Rilke. Entre las respuestas dirigidas a un ficticio joven graduado en Bellas Artes con dudas sobre la creación y el mundo del arte, escritas por destacados artistas como Joan Jonas, Yoko Ono o Adrian Piper, encontramos la que firma John Baldessari: «¿Mi consejo? No te dediques al arte en busca de fama o fortuna. Hazlo porque no puedes no hacerlo. Ser artista es una combinación de talento y obsesión. Vive en Nueva York, Los Ángeles, Colonia o Londres. En cuanto al dinero, si tienes talento y estás obsesionado, encontrarás una solución».

De estas palabras se deduce que la valiente decisión de ser artista pasa irremediablemente por un alto grado de compromiso hacia un sector repleto de fragilidades. A medio camino entre un oficinista burocrático y un promotor de sí mismo, ser artista y joven supone tener siempre al día el dosier para no dejar escapar la oportunidad de concurrir a todas las ayudas, becas o residencias que puedan surgir. De ahí que el exitoso Premio a la Producción Artística Fundación Banco Santander - Open Studio, creado en el año 2013, ofreciera importantes recursos para el desarrollo y apoyo de cualquier trayectoria artística, como son la financiación para el alojamiento y la producción, así como brindar un espacio de trabajo. Esta última cuestión, que suponía trabajar en un estudio compartido con otros artistas, además de favorecer el aprendizaje a través del intercambio de experiencias y conocimientos, daba la oportunidad no solo de conocer el tejido cultural de la ciudad de Madrid, sino de formar también parte de él.

A largo de estos diez años, he tenido el inmenso privilegio de haber seleccionado en cada edición a los artistas que pasaban a la fase final para, posteriormente y junto al resto del jurado, designar un ganador. Este contacto con las diferentes candidaturas me ha permitido conocer, de primera mano y en tiempo real, lo que estaba sucediendo en relación con la producción de la escena más joven de nuestro país y, gracias a la infinita generosidad de cada uno de los participantes, he sido testigo de cómo muchos de los que entonces eran artistas incipientes son hoy creadores con sólidas trayectorias. A todos ellos les debo mi profundo agradecimiento.

Este premio, que reafirma la idea de polifonía, culmina con la presente exposición, *Un tiempo elástico (2013-2023),* comisariada por Beatriz Alonso, la cual ya en su título sugiere la dilatación de lo temporal planteando una visión panorámica y plural de la escena contemporánea a través del trabajo de los diez artistas ganadores —de la primera a la última edición: Belén Rodríguez, Olmo

Cuña, Elvira Amor, Pablo Capitán del Río, Jesús Madriñán, Mario Santamaría, Javier Rodríguez Lozano, Mònica Planes, Irati Inoriza, Andrea Aguilera—, que pasaron por cinco estudios —Mala Fama estudios, Nave Oporto, 35.000 jóvenes, noestudio y Servicios Generales— y que, con su obra, reflexionan sobre la creación y los diversos modos de hacer en el contexto actual a partir de lenguajes propios.

En definitiva, este premio ha evidenciado lo importante y necesario que es apoyar y promocionar la producción artística para favorecer el diálogo y el desarrollo de trayectorias plenas. Porque, como bien recuerda Isidoro Valcárcel Medina en *Cartas a jóvenes artistas*, publicación de 2014: «Ciertamente, no hay trampolines ni muelles para el salto, por lo que el paso necesario es el movimiento normal; ordinario en su forma, aunque, eso sí, rotundo y convincente en su intención».

Beatriz Alonso en
conversación con

Andrea Aguilera
Elvira Amor
Pablo Capitán del Río
Olmo Cuña
Irati Inoriza
Jesús Madriñán
Mònica Planes
Belén Rodríguez
Javier Rodríguez Lozano
Mario Santamaría

Andrea Aguilera

Mendaza, 2023

Leyre, 2024

Paisaje, 2024

Dos, 2024

El trabajo de Andrea Aguilera se sitúa en un espacio intermedio de investigación entre la imagen fotográfica y la escultura. En este grupo de fotografías, la artista se aproxima a la imagen desde un interés material que la empuja hacia la experimentación con formas, texturas, escalas, superficies y puntos de vista.

Sus inquietudes en torno al lenguaje fotográfico van más allá de la labor documental, dando lugar a una interpretación del sujeto retratado y de la composición abierta a la ficción y a la abstracción. A través del diálogo entre imagen fotográfica y escultura, Aguilera busca una resignificación de las subjetividades a fin de transformar un cuerpo en la analogía de otro.

El origen de esta escultura se remonta a un encuentro fortuito de Aguilera con dos piezas de madera durante uno de sus paseos por Bilbao.

La artista resignifica dos objetos encontrados mediante una serie de acciones intuitivas y repetitivas que parten de la observación y la convivencia intensas con los mismos. Tejer, destejer y volver a tejer para rellenar los espacios vacíos; pintar, lijar, barnizar, volver a lijar y volver a pintar para recuperar la crudeza del material. El resultado es un objeto escultórico con entidad propia, en el que prevalece el trabajo con materiales tradicionales como la madera o el esparto.

Aguilera se interesa por la escultura como un dispositivo que conecta el espacio y el tiempo, lo que le permite abordar el espacio expositivo como si se tratara de una imagen. A través de una exploración constante de nuestros modos de habitar, estudia la forma en que los cuerpos ocupan los espacios y las dinámicas de poder que se establecen entre ellos.

Beatriz Alonso　　A menudo hemos hablado de tu aproximación a la imagen fotográfica imbricada entre lo material y lo visual, lo que enlaza con tu formación en Bellas Artes y con tu interés por la escultura. Si bien en tu trabajo existe una negociación permanente con el medio fotográfico, tengo la impresión de que estás encontrando *tu lugar* sin, por supuesto, dejar a un lado las tensiones intrínsecas a la práctica y a la presencia de la imagen en el mundo contemporáneo.

　　Andrea Aguilera　　Comencé mi práctica a partir de la fotografía. Aun así, siempre he tenido claro que no me interesaban los lenguajes puramente fotográficos. Considero que mi acercamiento es consecuencia de mis estudios en Bellas Artes, como señalas. Hasta ahora, la imagen fotográfica me ha permitido prestar atención y analizar desde cierta distancia los gestos que de forma recurrente aparecen en mi trabajo. Aunque siempre ha estado presente, hoy en día la percibo como parte de mi proceso, que, en ocasiones, sale a la luz.

　　Hablar con Maureen Muse sobre nuestra práctica y acerca del medio me ha ayudado a sentirme y a relacionarme de manera más cómoda con mi hacer: en nuestras conversaciones hablamos de la imagen fotográfica como la representación de un espacio y del espacio expositivo en su totalidad como imagen en sí misma. En mi caso, una de esas tensiones intrínsecas que señalas tiene su origen en tener que llevar la representación de un espacio de manera formal a otro al cual no pertenece.

　　Siempre me han interesado las relaciones que se dan entre los cuerpos y sus posiciones en el espacio. Comprendo que de *aquí* surge mi deseo por abordar la escultura, entendida como cuerpo mediador e interlocutor entre el tiempo y el espacio. Considero que todo cuerpo o volumen inerte necesita de la mirada de otro cuerpo para poder ser, ya sea cuerpo (figura humana) o cuerpo entendido como objeto, o cuerpos-objetos dialogando entre sí. No obstante, si bien entiendo la imagen fotográfica como objeto, me resulta difícil leerla como cuerpo. Tal vez sea por su volumen o presencia *a priori* plana por lo que me cueste abordar el espacio con este tipo de imágenes. Ahora mismo, siento todas estas dudas como motor que me permite avanzar en mi práctica artística. Podríamos decir que todo es imagen y que en mi trabajo la materializo a través de medios fotográficos teniendo presentes a la vez los lenguajes escultóricos.

　　Las imágenes son un paisaje de información: el tamaño, la forma de exponerlas e incluso la manera en la que son enmarcadas condicionan totalmente su lectura. Estos elementos se convierten a su vez en imagen y modifican la entidad del cuerpo al que se adhieren. Desde esta perspectiva, entiendo también la imagen fotográfica como un espacio convertido en objeto al que yo, a su vez, respondo: un espacio al que doy otro valor cuando lo formalizo, convirtiéndolo en otro grado de objeto.

Tu propuesta en la exposición es arriesgada en la medida en que apuestas por una forma de estar en ella que podríamos describir como mínima o discreta: decides una escala pequeña tanto para las imágenes como para la escultura, una escala íntima en tu relación con las piezas y en la forma en la que invitas a relacionarse con ellas. Tu escultura *Dos* (2024), de hecho, nos invita a agacharnos, a bajar nuestra posición, nuestra mirada, al suelo. El espacio expositivo, el blanco, se convierte en parte activa de las piezas, las cuales piensas desde su naturaleza instalativa. Me gustaría incidir en estas cuestiones y en cómo te condicionan a la hora de trabajar las piezas en el estudio.

Cuando produzco objeto escultórico, siempre pienso en el espacio y las relaciones que se crean en él. Aunque la pieza ya esté siendo producida en uno (el estudio), tal vez por sus dimensiones, ese espacio, rara vez, responde a lo que estoy haciendo. Siempre me imagino al cuerpo escultórico respondiendo a otros objetos que aún no han sido creados, objetos que solo forman parte de mi proyección mental.

Por otra parte, me cuesta trabajar la imagen fotográfica llevada a grandes dimensiones. Quizás sea por lo mencionado anteriormente, veo la superficie en la que va a ser colocada y las distancias que se dan entre objetos tan importantes como el contenido o imagen en sí. Me gustan los tamaños que invitan a acercarse. Estos me permiten dos tipos de relaciones: la íntima de detalle y la que se da cuando se observa desde cierta distancia. Esta última admite, además, otro grado de lectura, invita a la imaginación: permite interpretar las imágenes como esbozos o figuras que se abstraen aún más de su propio ser, como manchas en el espacio. Me interesa la noción de abstracción que permea el espacio en las imágenes, tal vez por mi investigación en la reinterpretación de su lectura.

En cualquier caso, siento que mi forma de relacionarme con la imagen fotográfica está en constante cambio. En ocasiones, trabajo la imagen más allá de su condición como representación de un espacio; en otras, decido no alterar lo que he conseguido representar a través del medio, de ahí el uso de la pequeña escala y la instalación directa sobre la pared en la exposición.

Rara vez planteo en el estudio los tamaños de las imágenes que voy a mostrar, a no ser que sepa que se van a enmarcar. Me interesa el diálogo constante que se da en el cambio de escala, cómo el tamaño resignifica la imagen.

Precisamente, sueles trabajar con situaciones u objetos que tienes a tu alrededor, los cuales resignificas, indagas en su subjetividad, en cómo podemos mirar de otro modo aquello que estamos —o parecemos estar— acostumbradas a mirar. Esto resulta muy complejo y necesario en un mundo tan saturado en términos visuales y objetuales. Me interesa cómo es la relación afectiva, la negociación con lo retratado, ya sean personas u objetos. Incluso tú misma te has puesto delante de la cámara en alguna ocasión.

Creo que en mi trabajo hay más presencia de objetos y escenas, o bodegones, que de personas. Cuando fotografío no pienso tanto en la figura como ente, sino en lo que engloba como dimensión espacial. *Paisaje* (2024) y *Leyre* (2024) fueron imágenes «programadas». Aunque en esta exposición ocurre lo mismo en dos de las tres imágenes presentadas, no suelo trabajar de esta manera; supongo que es una preferencia que va cambiando con el tiempo. En el caso de *Paisaje*, me interesaba la curvatura de la cabeza continuada por el cuello de mi amigo Joey de perfil. En *Leyre* ocurre algo parecido: mi amiga Leyre se había cortado el pelo y me llamaba la atención la configuración de su pelo como dibujo. Como apuntabas, alguna vez también he puesto mi propio cuerpo delante de la cámara. Cuando lo he hecho, siempre ha sido como estudio del espacio y no desde el autorretrato. Utilizar mi propio cuerpo me facilita relacionar esa presencia o disposición espacial con la experiencia de un cuerpo que me es conocido.

Algo que no me interesa de la fotografía es su lectura figurativa. Trabajo la imagen desde el impulso, cuando fotografío mi intención va más allá del registro. Por lo general, no pienso en lo que estoy retratando: para mí figura y forma no van de la mano, por eso no entiendo que la lectura de una imagen se limite únicamente al significado de las figuras representadas. *En la meditación se trabajan técnicas como la abstracción de nuestros propios pensamientos.* Me interesa de la imágen fotográfica trabajar esa abstracción a partir de una figura que aún es legible, pero cuya interpretación no se reduce al significado de lo representado, sino a las formas que produce, a su totalidad. Una lectura de la imagen fotográfica que trasciende el tiempo y las identidades que han sido inmortalizadas.

Mi relación con la repetición de la imagen pretende enfatizar o reducir la producción. La repetición me permite poder desplazar una imagen en el tiempo y relacionarla con otras, afectar su lectura y el contenido de lo que interpretamos.

Para terminar, me gustaría volver al principio y a la importancia de tu formación en Bellas Artes en la Universidad del País Vasco. Después de estos estudios, cursaste el programa de formación para artistas Instituto de Prácticas Artísticas - JAI, organizado por Artium, el Museo de Arte Contemporáneo del País Vasco, y el Centro Internacional de Cultura Contemporánea Tabakalera. En tu contexto, el País Vasco, los artistas se han desempeñado tradicionalmente como docentes, por supuesto, en la universidad, pero también a través de iniciativas educativas no regladas, algunas de las cuales son referente en la historia del arte contemporáneo. Me gustaría preguntarte brevemente qué valoración haces de tu educación artística, no solo desde una aproximación intelectual, sino también afectiva.

No sé cómo será en otras universidades, en mi formación estaba muy presente lo procesual y el trato cercano con el profesorado. Los dos primeros cursos de carrera son comunes para las ramas de Diseño, Arte y Restauración. Creo que esto es un factor que condiciona el aprendizaje, en mi caso de manera positiva. Comencé en la rama de Restauración, me interesaban los tejidos y me sentía influenciada por documentales donde se mostraba la conservación de prendas de diseñadores como Vivienne Westwood; por otra parte, también captaban mi atención las creaciones de Martin Margiela, Dries Van Noten... Cuando empecé tercero, sin embargo, me di cuenta de que aquello no era lo que quería hacer y me cambié al grado de Arte. Tras terminar la carrera pasó un año hasta que cursé JAI. Este programa supuso un gran cambio en mi práctica y en mi relación con el arte. Aunque el periodo de formación fuese de tres meses, siento que lo tejido durante ese tiempo perdura en mí. Entiendo ese compartir tanto intelectual como afectivo que mencionabas como un gesto de lo más generoso. Esto también me ha hecho darme cuenta de la relevancia que tiene la transmisión de saberes, en este caso desde una iniciativa educativa no reglada, y lo necesarios que resultan estos modelos de educación horizontal donde el conocimiento se construye desde la experiencia y las reflexiones. Las propuestas pedagógicas diseñadas por artistas y para artistas dan pie a cultivar frutos a través de la acción, pero también por medio del diálogo y el intercambio. Repensar, interrogar... Creo que este tipo de iniciativas facilitan crear una línea de continuidad: permiten entender el proceso creativo desde lo colectivo, teniendo presente la individualidad de cada cual, generando tejido, amistades y comunidad.

Elvira Amor

Sin título, 2016

Sin título, 2020

Sin título, 2024

Sin título, 2025

Pensada y realizada específicamente para la exposición, esta instalación de Elvira Amor parte de una revisión arqueológica del trabajo de la artista desde 2016, año en que ganó el Premio a la Producción Artística Fundación Banco Santander - Open Studio, hasta el momento presente.

Para esta instalación, Amor ha realizado una selección de algunas piezas pictóricas y escultóricas pertenecientes a distintos momentos de su trayectoria, las cuales conviven con diversos planos de color que se extienden a lo largo de un muro. La especificidad de la propuesta incorpora al espacio expositivo el ensayo y la experimentación propios del trabajo en el estudio y en las residencias de artistas.

El concepto indonesio de «tiempo de goma» nos habla de una concepción temporal flexible que define la idiosincrasia del país y permea su forma cotidiana de relacionarse. Esta percepción sobre la relatividad del tiempo está presente en el trabajo de Amor gracias a su formación en diversos contextos y a su aproximación a la historia de la pintura, la cual abarca más allá del ámbito occidental. A través de la sutileza, el ritmo y la voluptuosidad de sus campos de color, la artista nos invita a relacionarnos con la pintura desde un lugar más intuitivo y sensible.

Beatriz Alonso   Has pensado el conjunto de piezas que presentas en la exposición volviendo la vista atrás hacia tu propio trabajo: arrancas en 2016, durante tu residencia en Madrid en el marco de este premio; después te detienes en dos momentos separados por un intervalo de cuatro años, y finalmente llegas al presente con la instalación que realizas *in situ* en la sala. ¿Podrías desarrollar esta aproximación temporal alrededor de tu trabajo, además de los intereses que te han llevado a afrontar la exposición de esta manera?

Elvira Amor   A menudo pienso en la atemporalidad de algunas obras y en cómo se conectan con otras realizadas en otros momentos, tejiendo entre sí una relación más allá del tiempo de producción. La pintura que hice durante la fase de producción del premio Fundación Banco Santander - Open Studio, por ejemplo, tiene esa característica. Es una pieza que, quizás, por su singularidad respecto a otras traza un vínculo con obras de otras etapas, con recuerdos anteriores y producciones posteriores.

Tal como me interesa presentar mi pintura, a veces veo la temporalidad de manera muy relativa. De hecho, me interesan las relaciones que se establecen entre diferentes objetos por su propia naturaleza, por la energía que desprenden, más allá del momento en el que fueron realizados u otras características.

Creo que cuando se planteó como eje de la exposición el concepto de «un tiempo elástico», se hizo aún más evidente para mí que esta premisa podía atravesar también mi propuesta. Era una ocasión ideal para trabajar con un conjunto de piezas realizadas en distintos momentos, pero que juntas podían crear un presente diferente al relacionar procesos y tipologías atravesados por un ritmo temporal. También era una oportunidad de comprobar cómo unas obras afectan a otras con su mera presencia. En este proceso recordé el concepto de *jam karet*, el «tiempo de goma»: una percepción del tiempo flexible y relativa que está muy arraigada en Indonesia. Así, por ejemplo, la misma palabra que sirve para decir «mañana» significa «en el futuro», lo que amplía y difumina los límites temporales.

Me interesa cómo dialogas con la tradición pictórica, la cual se pone en valor a la vez que se actualiza, y con una forma de relacionarse con la pintura que va más allá de una concepción propia del mundo occidental, en la que la vista predomina como el sentido de la inteligencia cognitiva. A este respecto, tu forma de abordar la pintura me resulta más inclusiva, pues ofrece distintas formas de vinculación desde posturas más instruidas a otras más intuitivas o placenteras: invitas, de alguna manera, a dejarse llevar; pones en valor el goce, así como la activación de otros sentidos; es una pintura muy sensorial. Imagino que tu formación y estancias en distintos contextos son determinantes, tanto en tu conocimiento de la historia de la pintura como en tu sensibilidad respecto al medio o en aquello que quieres transmitir.

Sí, efectivamente, me interesa la energía que desprende un objeto, cómo convive y permanece en el observador, y cómo esta sensación puede tener ecos en el tiempo o afectar al espacio. Pienso la pintura como todo lo que vemos; es decir, influida por el entorno. En mi obra intento proponer grupos de piezas que involucran el espacio, la arquitectura, a través, por ejemplo, de pintura sobre el muro, elementos tridimensionales... Me atrae la idea de cómo un conjunto de objetos crea un ambiente y es capaz de hablarle al cuerpo en un idioma vinculado a los sentidos. En este sentido, efectivamente, creo que mi forma de entender la pintura tiene algo propio de una comunicación que pasa por otro lado más sensorial, aunque algunas veces pueda haber influencias o referencias concretas. De este modo, mi pintura se construye desde un imaginario intuitivo, fuertemente influenciada por los distintos lugares por los que he pasado o habitado.

Empecé mi formación en Indonesia y esta experiencia tuvo una profunda impronta en mi manera de mirar, que pasa por intentar deshacer prejuicios y estereotipos para refrescar el punto de vista. Tenía dieciocho años y me encontraba en un país de más de doscientos millones de habitantes que me hizo darme cuenta de que la mirada que yo tenía del mundo era fruto de mi experiencia individual, la cual estaba determinada por un entorno minúsculo al haber crecido en Madrid.

En ese contexto, el hecho de conocer las artes tradicionales a la vez que aprendía otros idiomas, su sonoridad, gestualidad y humor, me dio pistas sobre cómo leer otras culturas, también otras maneras de aproximarse. En concreto, en el imaginario del batik encontré algo similar a un lenguaje por descifrar en su repetición y abundancia, donde existen símbolos y motivos que resultan en un inicio misteriosos, pero que luego se van convirtiendo en una forma de expresión que, aunque quizás no entiendas, vas reconociendo poco a poco; un proceso similar al aprendizaje de un idioma extranjero donde al principio reconoces sonidos que se repiten, la musicalidad, las armonías, y poco a poco vas entendiendo palabras cortas, fragmentos que vas asociando. Creo que esto es algo que sigue presente en mi forma de trabajar y de presentar las obras.

Más tarde estudié e hice un par de residencias en México y, entre otros aspectos, creo que allí también pude apreciar una forma diferente de interiorizar el color. En Argentina viví una experiencia intensiva de producción cultural que me permitió conocer más de cerca el arte local y también el de Brasil.

A menudo intervienes de manera específica en los espacios expositivos, trabajando previamente en una selección de piezas que tienen agencia individual y alcanzan una dimensión colectiva como parte de un conjunto. Hay un trabajo anterior, pero también cierto margen para la negociación con la arquitectura del espacio expositivo, para la improvisación y la incertidumbre; así ha sido en la instalación que presentas en la exposición. Me interesa cómo conviven las diferentes partes con el todo, además de tu concepción de la escala y cómo proyectas la naturaleza instalativa de las piezas desde el trabajo individual con cada una de ellas en el taller.

Es verdad que las piezas tienen varias instancias. Primero trabajo las pinturas, que parten muchas veces de dibujos y bocetos y toman su propio cuerpo de manera individual. Luego hay otro momento que tiene que ver con el espacio donde se muestran y cómo este lugar se convierte en un elemento importante para la obra. Entonces, hago maquetas, dibujos, visito el espacio si es posible... Al final, lo que percibimos en una exposición es toda esa experiencia que generan los distintos elementos juntos. El lugar interviene en el cómo y en qué es lo que estamos percibiendo como resultado final. Por eso pienso que la manera ideal de mostrar algo es a través de la relación que se construye con un grupo de obras, donde se puede crear una frase, un ritmo, distintas conexiones, en vez de mostrar elementos sueltos. Y, en este sentido, a veces realizo una intervención, dibujo o pintura sobre muro, intentando propiciar la generación de un ambiente.

Para terminar, podríamos insistir en la dimensión colectiva y afectiva del trabajo, puesto que es algo que has señalado en varias conversaciones con relación a tu estancia en Madrid como beneficiaria del premio. Además, eres parte de un estudio colectivo muy activo en Madrid: Nave Oporto. Dada la dificultad cada vez mayor de sostener una práctica artística, últimamente pienso mucho en cómo podríamos llevar a la práctica formas de trabajo menos competitivas, más sostenibles en el tiempo y acordes con la vulnerabilidad y la metamorfosis de nuestros cuerpos y vidas.

Para mí el premio fue muy importante, supuso un apoyo, un tiempo y una estancia de trabajo en el estudio de otros artistas (Jacobo Castellano, Abraham Lacalle y Baptiste Laurent), con los que trabé amistad y donde conocí a muchas personas de la escena artística madrileña. Tiempo después otros artistas disfrutaron del premio en Nave Oporto, el estudio donde yo trabajo; y también me hice amiga de otros ganadores del premio, así que la convocatoria funcionó como una red entretejida con distintos puntos de unión muy apreciada.

Creo que en la práctica artística lo colectivo tiene un peso muy fuerte, al fin y al cabo, formamos parte de una escena que se alimenta del trabajo de todos. Trabajar en Nave Oporto, un estudio colectivo con otros creadores, amplio, con espacio, es una gran motivación y una oportunidad para generar distintas actividades e intercambios con otros artistas, espacios de encuentro con amigos, pero también justamente con otros a quienes aún no conoces. Últimamente hemos hecho sobre todo exposiciones, talleres y residencias. En realidad, armar proyectos con otros es algo que siempre me interesó, de hecho, estudié también un posgrado de Relaciones Culturales Internacionales. En México organizamos varias exposiciones y conciertos, y en Argentina colaboré con otro colectivo, Mundo Dios.

Al final tiene que ver un poco con lo mismo que comentábamos antes, con generar un ambiente, crear un espacio, propiciar encuentros, pensar qué es lo que quieres aportar, invitar a otros y pensar el taller como un lugar de posibilidad. Si bien conlleva mucho trabajo, es sumamente enriquecedor.

Pablo Capitán del Río

La fuga ebria, 2015

Manley I, 2024

Manley II, 2024

Esta intervención, ubicada en el jardín de C arte C, Centro de Arte Complutense, fue realizada originalmente para un festival de música celebrado a la orilla de un pantano. Entre los materiales disponibles, Pablo Capitán del Río eligió una vieja canoa abandonada de fibra y resina, que troceó y de la que sustrajo algunas cuñas en uno de sus laterales: de este modo, al volver a unir las partes con masilla, la canoa dibuja la forma de una C.

En su interior, un tubo oculto conectado a una bomba de succión envía agua a un volante que hace las veces de aspersor, girando en sentido contrario a la torsión de la canoa y dibujando una espiral de gotas en el aire.

Con esta pareja de esculturas, el artista explora distintas variantes y posibilidades formales que parten de un mismo objeto cotidiano, una silla, a la cual despoja de su funcionalidad para subrayar, en cambio, su potencial escultórico. Tras un proceso de experimentación en el taller con distintos materiales, como el tradicional escay o cuero sintético, tan utilizado en el mobiliario español de los años sesenta y setenta del siglo XX, el artista se decantó por el cemento porcelánico.

Si bien abandonan su condición practicable, las piezas resultantes proyectan la naturaleza formal de la silla y, con ello, apelan al cuerpo ausente de quien está destinado a ocuparla. La frialdad del escay, orientado al pragmatismo, deja paso a la aridez del cemento y a la sensualidad del color, gracias a un cuidado trabajo con el acabado de las superficies.

La unión de las distintas partes de estas esculturas, realizadas mediante ensamblajes precarios, sugiere cierta inestabilidad, cualidad presente en el trabajo del artista tanto en la selección de materiales cercanos a su entorno como en la propia condición de la obra, siempre al borde del desmoronamiento.

Beatriz Alonso   Trabajas de una manera muy situada en tu entorno, con aquello que te es cercano o con lo que te encuentras, y lo llevas a un lugar de extrañeza, de poesía, de potencia vinculada con sus cualidades formales, discursivas, a las que se suman tus experimentaciones materiales en el taller, como si la aparente calma de la vida cotidiana pudiera desbordarse en cualquier momento. Hay cierta quietud tensa en tus piezas. Me interesa mucho esa cualidad vinculada a la inestabilidad, al desmoronamiento, como si el colapso estuviera a punto de suceder: así es, por ejemplo, en *Manley I* (2024), una de las piezas presentes en la exposición.

Pablo Capitán del Río   En mi práctica creativa la recopilación de materiales y objetos coexiste con el trabajo «de taller», bien al encontrarlos por la calle y recogerlos, o bien al recorrer los rastros o tiendas de segunda mano de la ciudad en la que viva en ese momento. Es un ejercicio que disfruto mucho, el alertar la mirada *como si todo fuese* escultura o fragmentos de escultura, tratar de identificar cada objeto como una propuesta estética deliberada y anónima... la mayoría muy anodinas, pero en ocasiones y con suerte, fascinantes. En definitiva, es una estrategia para atender a las otras dimensiones que afloran por debajo del utilitarismo o la mera decoración. En algunos casos, estos objetos quedan en el taller como futuro material de trabajo, latentes por tiempo indeterminado, hasta que en cierto momento se activan, se vuelven más presentes y empiezo a trabajar con ellos.

Por otro lado, ese componente de desmoronamiento o precariedad o urgencia creo que ha estado presente desde el comienzo de mi trabajo con la escultura y los materiales como un recurso fundamental de creación, pero también como un modo de entender la experiencia con el objeto y las ideas que en él se puedan vehicular.

Podríamos afirmar que estableces una especie de contrato temporal con esos materiales encontrados, una necesidad de convivencia previa que acaba desencadenando en la obra. Asimismo, subyace una fuerte naturaleza escenográfica en algunas de tus instalaciones; por otra parte, en nuestras conversaciones has aludido con asiduidad al concepto de paroxismo. Ambas ideas me llevan a pensar en una tradición escultórica que enlaza con el Barroco, pero también con una parte relevante de la producción escultórica de los años ochenta y noventa del pasado siglo.

Pues lo cierto es que la relación con la tradición escultórica debe de darse en mí desde una dimensión muy interiorizada o inconsciente de mi bagaje visual, porque no suelo tenerla en mente mientras estoy trabajando en piezas concretas... No obstante, las imágenes, sobre todo al comienzo de la etapa formativa, se fijan detrás de la retina y marcan la forma de trabajar o dar articulación a las piezas. Las últimas décadas del siglo XX en escultura son especialmente fascinantes por el modo en cómo se vapulearon las fórmulas asumidas del lenguaje visual desde tantos frentes y con tanta audacia...

En cuanto al concepto del paroxismo, el diccionario lo define como «el grado más alto de un sentimiento» o «la máxima intensidad de los síntomas de una enfermedad». Sin embargo, al aplicarlo a la condición de los objetos, esta idea de intensificación de la manifestación se vuelve paradójica, agónica... las escalas temporales del objeto y del intelecto casan naturalmente desacompasadas.

A menudo introduces otros elementos que tienen que ver con el mundo animal y vegetal, con lo vivo más allá de lo humano. Me interesa la fantasía a la que das lugar con estos desplazamientos, el mundo imaginativo, salvaje, lleno de tensiones y posibilidades que nos habita y en el que habitamos. Tú mismo hablabas de la otra selva en tu última exposición individual.

Mi proximidad y curiosidad por el mundo animal y vegetal vienen de mi infancia, gracias a las afinidades de mi contexto familiar, y han continuado hasta el día de hoy a través de intereses más concretos como la etología, la historia natural o la química aplicada. En esta combinatoria de elementos «naturales» y de aquellos «generados por el ser humano» se producen desencuentros y distancias, pero también sucede —y quizá sea eso lo que más me interesa— que, pasado por cierto filtro y desnaturalizado parcialmente, lo natural permite hablar con otra franqueza del ámbito de lo humano.

De hecho, en tu trabajo hay una relación directa con el cuerpo y la escala humana, que entiendo está condicionada por tu relación con el mundo, además de con la escala que puedes manejar, transportar, etcétera. Tanto en *Manley I* como en *Manley II* (2024) la alusión al cuerpo se produce desde su ausencia, ya que un objeto de diseño, la silla, destinado a dar una forma muy determinada y forzada al cuerpo, se torna disfuncional y activa otras formas de relación con el mismo.

Sí, efectivamente el tema del cuerpo y su escala en relación con el objeto es una de las grandes cuestiones insoslayables de la escultura desde los primeros útiles del Paleolítico hasta hoy, cuando sigue estando presente tanto si se aborda explícitamente para volver a esta ligazón más ostensible como si, por el contrario, se intenta dar por superada. Hay una continuidad entre el cuerpo humano y los objetos; una afectación recíproca entre la mano y el objeto que manipula.

Concretamente en las dos piezas de *Manley* intentaba manejarme en un margen muy estrecho entre la sensación convincente del material, que pareciese suave, blando, hecho para descansar el cuerpo sobre él o contra él, y, al mismo tiempo, dejar visible la aridez de todos los materiales de los que realmente se compone. Algo así como admitir y desmentir el trampantojo visual y táctil sincrónicamente.

Hay mucha sensualidad en estas y otras piezas vinculadas con ese tratamiento y acabado de las superficies. La vista y el tacto no parecen estar tan lejos en la escultura contemporánea, quizá porque necesitamos aferrarnos a las manos, a la recuperación del hacer manual ante un mundo que parece abocado a la pérdida de un conocimiento ancestral, a la necesidad de volver a conectarnos con lo que nos rodea y volver a poner la técnica al servicio de la vida y no por encima de ella.

Es que la escultura es una celebración perentoria de todo eso... Negarle el diálogo y la avenencia con el material mediante una técnica que la supedite a la idea premeditada es avasallarla en una perfección o una literalidad que le resta emoción y entidad.

Podríamos pensarlo en términos de contexto, pues parece que estamos ante un momento relevante de la escultura en el contexto estatal. Me interesa tu percepción del contexto andaluz en diálogo con otras escenas estatales.

Siempre me ha costado mucho desarrollar una opinión razonada sobre los diferentes contextos de la creación contemporánea porque me falta conocimiento y visión de conjunto; esto es algo que a título personal se ha ido configurando a partir de presencias concretas, pero consteladas, que se van fijando en mi campo de interés pero que poco o nada han tenido en cuenta su proximidad geográfica o cultural, o el tipo de formación académica. De ahí que me cueste hablar del contexto andaluz en particular. No obstante, estoy totalmente de acuerdo en que estamos en un momento de gran potencia en la escultura a nivel estatal, tanto por cómo se han ido sumando nuevas figuras como por la diversidad de lenguajes que se están desarrollando en los últimos años... En este tiempo ciertamente sobrevuela esa aproximación atenta a la materia y sus tributos, a la impronta del hacer.

Olmo Cuña

COLOSAL n.º 8, 2025

La película de Olmo Cuña toma como punto de partida un lugar anodino y de tránsito, situado en la periferia del sur de Madrid: la rotonda de la Cabeza Olmeca, la cual contiene una réplica exacta de una de las cabezas colosales características de la cultura precolombina olmeca. Esta réplica fue donada en 2005 a la ciudad de Madrid por el gobierno del estado mexicano de Veracruz, y se instaló posteriormente en el barrio de Vallecas, donde se halla descontextualizada, sin información sobre su origen.

El artista plantea una suerte de filme colosal con el que especula sobre el traslado de artefactos arqueológicos y su naturaleza colonial, así como sobre las relaciones históricas entre México y España.

El resultado es una ficción en la que conviven memorias de documentos audiovisuales antropológicos con toques oníricos, gracias a la experimentación con la técnica del color aplicado. Al dedicarse a esta tarea de forma manual a lo largo de varios meses, el artista recupera la labor del colorista, desempeñada principalmente por mujeres en el marco de la incipiente industria del cine de principios del siglo XX. Con ella aporta un carácter hipnótico a la imagen audiovisual y se posiciona en un ritmo de ejecución lento frente a la inmediatez de la producción de imágenes digitales en el mundo contemporáneo.

Beatriz Alonso   El tiempo es muy importante en tu trabajo. En *COLOSAL n.º 8* (2025), tenemos el tiempo cinematográfico propio de una película de 35 mm; después, la convivencia de distintos momentos históricos a través de las imágenes, desde aquellas que filmas en Vallecas hasta los archivos audiovisuales que incorporas en el montaje; por último, has dedicado meses a colorear la película de manera manual. Intuyo que subyace una necesidad de ralentizar el modo en el que hacemos y contamos las cosas.

Olmo Cuña   Me imagino que una ralentización general nos iría bien, incluida una reducción de la producción y del consumo de imágenes. Huir, aunque sea momentáneamente, hacia otras formas de gestión y percepción del tiempo.

Para mí, hacer de manera lenta tiene que ver con la búsqueda de una temporalidad rara. Una especie de lentitud que al mismo tiempo favorezca la aparición de instantes subversivos. Supongo que también tiene que ver simplemente con aceptar y proteger las formas de hacer con las que disfruto. Me sienta bien tomarme ese tiempo, aunque sea completamente ineficaz en términos prácticos.

En el caso de *COLOSAL n.º 8* me parecía entretenido hacer una especie de disección de la imagen en movimiento, como una comprobación de que el cine es en realidad una sucesión de fotos fijas. Me alucina esa trampa. Al colorear la película fotograma a fotograma, la ilusión se detiene y, si todo sale bien, vuelve a funcionar meses más tarde cuando se proyecta. Esta idea me parecía simpática como punto de partida, aunque su ejecución es bastante tediosa, monótona, pero también disfrutable.

La gestión del tiempo es importante en lo que hago. Muchas veces un gesto espontáneo da pie a un proceso muy laborioso; en otras ocasiones, varios meses de trabajo manual se condensan en un resultado de pocos minutos de duración. Me gusta pensar que estos procesos me permiten estirar y contraer el tiempo, o hacerlo elástico, como en el caso de esta exposición.

Luego, como dices, está la confusión temporal en el contenido de la película, que mezcla varios momentos históricos. Se alude tanto a las investigaciones arqueológicas de principios del siglo XX como al pasado más remoto de la civilización olmeca, también al turismo de hoy en día alrededor de las cabezas colosales. Todo parte de la rotonda, yo solo tuve que exagerarlo un poco. La rotonda de la cabeza olmeca está en Vallecas y es del año 2005, pero se hace pasar por una pieza arqueológica mexicana con miles de años de antigüedad. Además, en el monumento no hay ninguna placa informativa que nos cuente de qué va todo esto. Así que, dada la confusión, lo que hice fue acentuar este disparate añadiendo algunas cosas: incorporé, por ejemplo, escenas del documental *The Road to the Olmec Head*, de 1963, modificando su sentido de manera que no queda muy claro si los trabajadores están enterrando o desenterrando la cabeza olmeca. ¿Se la están llevando para instalarla en una rotonda de Vallecas? ¿Están devolviéndola a su contexto original en la selva veracruzana?

Además del cuidado de la imagen has trabajado en colaboración con Javi Álvarez en la composición de la música original para la película. No puedo evitar pensar en la importancia del acompañamiento de la música en directo en las proyecciones de cine mudo. ¿Podrías profundizar en la importancia de lo sonoro en tu trabajo, así como en el proceso de producción del sonido para esta pieza en particular?

Mis últimas películas las hice realmente como si se tratase de cine mudo, sin registrar el sonido o eliminándolo en la edición. En algunos casos, incorporé música más tarde; en otros, no. Me imagino que esto fue así por las características del proceso, que estaba más centrado en la cuestión de la imagen. También porque me interesa el cine temprano y cómo se proyectaban entonces las películas. Da la sensación de que la imagen va por un lado y el color vibra como si fuese a su aire; la música o los efectos sonoros se hacen en directo, con personas que narran el guion... Muchas de estas prácticas se siguen haciendo en el contexto del cine experimental. Siento que este tipo de proyecciones son bastante imprevisibles, provocan una experiencia más cercana a lo que pasa en un concierto o en las artes vivas. Me gusta esa espontaneidad y siempre que puedo hago proyecciones con sonido en directo.

Puede que la música me parezca más interesante que las artes visuales por su relación con el tiempo, el directo, la performance... aunque no tengo muy elaborada esta teoría. En su día estudié un poco de música, tuve un intento de banda bajo el nombre Chicle de Arena y, de vez en cuando, hago sonidos para mis propias películas. Pero siempre que puedo cuento con personas que se dedican a ello y cuyo trabajo me encanta. Por ejemplo, colaboré con Diego Flórez en *Vacacional* (2022); con Isabel Fernández Reviriego (Magia Bruta, Aries, Charades) en *Lo fingido verdadero* (2021), o con Aborigen para *Todo sucede como si* (2019), y ahora con Javi Álvarez (Fluzo, Dúo Cobra, Dj de la Muerte) en *COLOSAL n.º 8*. Desde diferentes acercamientos, sus contribuciones amplían lo que intento hacer desde la imagen o apuntan en otras direcciones, generando una propuesta más compleja. Añaden mayor intensidad a unas películas que, por lo demás, son más bien contemplativas.

Con Javi Álvarez hicimos un par de proyecciones con experimentos sonoros en directo, en Cineteca y Matadero Madrid. También hice una proyección con improvisaciones sonoras con mi padre en la (S8) XIV Mostra Internacional de Cinema Periférico, en A Coruña, pero esa es otra historia... Admiro todo lo que hace Javi. Soy fan de Fluzo, su proyecto de rap marciano junto con Hevi, desde que los vi en el Liceo Mutante de Pontevedra. Su tema *Mundo Verde* es un himno en la Galicia subterránea. Entre otras muchas cosas, Javi compone música original y efectos sonoros increíbles para películas. Me parece alucinante haber podido contar con él.

La banda sonora de *COLOSAL n.º 8* viene de esos experimentos que hicimos en Cineteca y Matadero Madrid. Como la película está dividida en cuatro partes, Javi me propuso grabar en directo una serie de sonidos, más o menos improvisados, para cada una de las tres primeras partes y reproducirlos a la vez durante la proyección de la última parte. De esta forma, el público asistía a la composición en vivo y el resultado era también una sorpresa para mí. Esto lo hicimos con público en dos ocasiones, tomando una serie de decisiones previas, pero sin ensayar y utilizando todo tipo de cacharros, ¡hasta exprimimos limones!

Luego, Javi editó el material para componer una banda sonora más definitiva, con música original y algunos motivos tomados del documental *The Road to the Olmec Head*. Ahora estamos acabando una voz superpuesta para una nueva versión de *COLOSAL n.º 8* que se expondrá en LABoral Centro de Arte y Creación

Industrial, en Xixón. La voz reproduce una cita distorsionada del libro *Visión de los vencidos. Relaciones indígenas de la Conquista*, una referencia importante para este trabajo. Y narra, con cierto tono de documental de arqueología extraterrestre, el viaje de una tripulación mexafuturista a la Comunidad de Madrid en busca de la colosal rotonda de los Vallecanos. O algo así.

Me interesa cómo la anécdota o la serendipia son capaces de desencadenar procesos de investigación y conocimiento desde el arte, además de otras formas de narrar e imaginar el mundo desde un presente capaz de dar forma al futuro, pero también al pasado. Me gustaría conocer en mayor profundidad cómo se desatan a menudo tus procesos de trabajo, los hilos de los que tiras a la hora de contar las historias que cuentas y, en particular, tu hallazgo de la réplica de la cabeza olmeca, protagonista de *COLOSAL n.º 8*.

Muchas veces siento curiosidad por algún detalle de mi entorno y eso desencadena todo lo que viene después. Por momentos me pregunto sobre el uso informal que se le da a un espacio o sobre qué puntos se destacan en los mapas y qué puntos no. Me llaman la atención todos los detalles que pudieran haberse omitido: los papeles del suelo, pequeños cambios en el entorno, un edificio singular... Lo que está de fondo cuando caminas por la ciudad, las cosas en las que no te fijas, hacia donde no vas, por donde pasas. Casi siempre son lugares o situaciones tan anodinas como una rotonda. Todo esto responde a cómo se configura el espacio público mediante decisiones políticas, urbanísticas, de arquitectura, ingeniería o diseño, y tienen que ver con cómo nos organizamos para convivir. Aunque lo pueda parecer, una rotonda no *es sin porqué, no florece porque florece*.

No suelo hacer investigaciones muy exhaustivas. Más bien paso mucho tiempo en el lugar, lo recorro, lo rodeo, recopilo muchas imágenes, hago fotos o dibujos y dejo pasar el tiempo. Es como una especie de ejercicio de percepción del espacio. Cuando tengo que hacer cosas fuera de mi entorno cercano reviso más la historia del lugar y asumo el punto de vista un poco distanciado propio de quien no está en su lugar, de quien está de visita. Luego, cada proyecto me lleva a diferentes acercamientos.

De vez en cuando encuentro conexiones entre cosas aparentemente lejanas, siguiendo alguna idea o un juego de palabras. En el caso de *COLOSAL n.º 8*, un punto de partida fue relacionar la rotonda de la cabeza colosal de Vallecas con el cine colosal italiano. En principio, aparte del adjetivo «colosal», las dos cosas no tienen mucha relación. El cine colosal de principios del siglo XX recreaba enormes escenarios clásicos utilizando monumentos reales para sus escenografías, trataba temas históricos y exaltaba el imperialismo romano. Aparentemente, la cabeza colosal olmeca tiene poco que ver con esto, excepto por su escala monumental. Sin embargo, se trata de una réplica ubicada en una rotonda del Madrid de Esperanza Aguirre. Tirando del hilo, la rotonda puede ser leída como símbolo de la crisis, de la burbuja inmobiliaria, de los proyectos urbanísticos desproporcionados... Coincide con el cine colosal en su derroche de medios, en su desproporción, en su esperpento, en que, al fin y al cabo, no deja de ser al mismo tiempo un decorado y una expresión del poder de aquel momento. Y, en ese contexto, ¿qué simboliza la presencia de la cabeza olmeca?

En el proceso de trabajo también me resulta útil establecer una especie de estrategia previa o unas pautas, aunque luego las incumpla. Por ejemplo, cuando decidí que iba a colorear a mano esta película, más de 17.000 fotogramas, de alguna manera, aquella decisión me hizo sentir que el trabajo ya estaba hecho, que solo había que ejecutarlo, como se ejecuta una partitura o una performance. María Minera, escritora y amiga, lo describe mejor hablando de un trabajo anterior: «en el instante en que puso el pincel con acuarela sobre el primer fotograma, la obra nació de súbito y quedó terminada. En ese gesto original del primer trazo, se prefiguró su existencia redonda: fue como pintar al mismo tiempo el alfa y el omega. Todavía faltaba completar todos los demás fragmentos, pero estaba inaugurado el ejercicio exhaustivo: como una cuenta regresiva».

La ficción y el humor son herramientas muy poderosas a la hora de reflexionar sobre cuestiones políticas complejas pasadas y presentes, en este caso, el saqueo colonial de artefactos arqueológicos o las relaciones diplomáticas entre países. Te aproximas a la historia, a una posible historia del traslado de la réplica de la cabeza olmeca, desde la imaginación y la especulación. El resultado es una película de toques oníricos frente a la cual sentimos cierta desorientación espaciotemporal como resultado de la convivencia entre imágenes de diferentes procedencias. Me gustaría indagar en tus referencias, principalmente audiovisuales, y en el proceso de investigación que has llevado a cabo a la hora de realizar este proyecto.

A veces buscando donde parece que no hay nada te acabas encontrando con temas de una importancia monumental. Esto me pasó un poco con la rotonda de Vallecas. Cuando llegué a Madrid para hacer *COLOSAL n.º 8* muy poca gente sabía que había una cabeza olmeca en la ciudad y me costó bastante encontrar información. Creo que el hecho de que el monumento no tenga una placa explicativa no es un descuido, es un olvido consciente, hay una intención de borrado. Se evita nombrar la cultura de la que proviene y se obvia cualquier referencia a la conquista de México. No existe ninguna intención de iniciar procesos de reflexión o reparación. Tal y como yo lo veo, esta rotonda es un ejemplo del discurso colonial que persiste en España.

¿Es un *souvenir* o un trofeo? En México a la civilización olmeca se la considera la «cultura madre» de las civilizaciones mesoamericanas. Yo conocí las cabezas colosales en el Museo Nacional de Antropología de Ciudad de México. Tienen un aspecto muy rotundo e icónico con una influencia estética tremenda que se nota hasta nuestros días. De las diecisiete que se conservan, la cabeza colosal n.º 8 es de las más representativas y la que se conserva en mejor estado. Por eso es la que se usa como modelo para hacer réplicas y *souvenirs*. Pensaba que la cabeza olmeca de Vallecas era una excepción, pero en realidad hay muchas réplicas de esta cabeza repartidas por el mundo. Son realmente muy populares.

Viví varios años en Ciudad de México y mantengo amistades muy queridas allí, así que mi vinculación con México es muy fuerte. Siento un interés profundo hacia temas como el uso de artefactos arqueológicos, la Conquista, las relaciones contemporáneas entre México y España, o la violencia hacia los pueblos originarios. Al mismo tiempo, me siento lejos de aproximaciones serias. Me identifico más con obras que tienen un tono menos solemne, más juguetón. Supongo que es una cuestión de carácter. Estoy pensando ahora en obras de artistas de la década de 1990 del contexto de México, como por ejemplo *In situ* de Silvia Gruner, un vídeo en el que la artista juega con una pieza arqueológica (o un *souvenir*) moviéndola dentro de la boca, chupándola, como si se la fuese a comer o como si intentase hablar.

Creo que, debido a mi propia experiencia, me fijo también en artistas que no viven en su país de origen. Me llama la atención ese punto de vista un poco distanciado, un poco extranjero o un poco turista.

En general mis referencias provienen más de la pintura o la performance que del cine, pero últimamente estoy revisando también muchos ejemplos del cine mudo. Me fijo en el uso del color y en cómo la lentitud de la pintura está al servicio del flujo ágil de la imagen en movimiento. Es curioso también cómo en estas películas aparecen una serie de personas haciendo cosas frente a la cámara, como si fuesen performers documentando su trabajo. Luego, están todos esos trucos que son muy «hazlo tú mismo». Por ejemplo, Segundo de Chomón tiene cosas alucinantes. Su película *Barcelone - Parc au crépuscule*, de 1904, no es precisamente la más surrealista ni divertida, pero me parece muy delicada y enigmática. Para filmarla, simplemente puso la cámara en una barca y consiguió uno de los primeros *travellings* del cine. Me basé directamente en esta idea para hacer *Todo sucede como si*.

En esta tensión entre el uso de técnicas anacrónicas y la experiencia de un monumento en el presente, quizás hay algo en *COLOSAL n.º 8* que apunta hacia el futuro. Como si se tratase de una reconstrucción fantástica del pasado, una especie de arqueología-ficción y, al mismo tiempo, fuese una especie de presagio. O puede ser también el simple gesto de rodear una rotonda.

Irati Inoriza

Recolectar y amontonar, 2025

Esta instalación de base escultórica parte del interés de Irati Inoriza por relacionar la estructura del alga aquí contenida con su propia forma, y con el papel conectivo que esta planta tiene entre el agua y la tierra. Atenta a la arquitectura de la sala, la artista establece un vínculo entre su obra y el espacio expositivo en un gesto que conecta dos espacios y amplía de manera poética la dimensión relacional del alga en la naturaleza.

La ubicación del estudio de Inoriza en la ribera de la ría de Bilbao posibilita una relación intensa y cotidiana entre la artista y los distintos seres y elementos que coexisten en este entorno, en el que las algas desempeñan un rol esencial. Inoriza descontextualiza y resignifica algunos de los materiales y referencias de este contexto inmediato, tal es el caso del agua, las plantas o las lamias, los seres mitológicos que habitan y cuidan los ríos del País Vasco, con el fin de alcanzar la esencia de estos elementos.

En este proceso, experimenta con un lenguaje escultórico que, sin olvidar la tradición manual y su estrecha relación con la naturaleza, incorpora formas de mirar y relacionarse atravesadas por la dimensión virtual de nuestro presente.

Beatriz Alonso   Para empezar, me gustaría hablar de escultura y materiales, que es el principal ámbito de investigación donde ubico tu trabajo. Tenemos, por un lado, la cuestión material, que nos lleva al trabajo manual, a la experimentación en el taller, a la relación con el cuerpo, al ensayo y al error...; y, por otro lado, existe una conexión muy fuerte con la naturaleza, pues estás trabajando con algas y plantas autóctonas de la ría de Bilbao que tú misma recolectas, lo cual te proporciona un marco de partida a nivel formal, estructural, conceptual. Otro aspecto definitorio de tu práctica es el color, que, por supuesto, se conecta con este mundo natural, pero me parece que bebe también de un interés y un dominio de los lenguajes propios del mundo digital. Me pregunto si a la dimensión escultórica e instalativa de tu trabajo se suma una preocupación por la imagen digital.

Irati Inoriza   No poder salir de casa, no poder mover el cuerpo, no poder transitar, no ver la luna, no sentir la brisa en la piel... El periodo de aislamiento de la primavera del 2020, como para muchas otras personas, fue muy duro para mí. Esa experiencia me hizo parar en seco y escuchar, escucharme, y empezar a estar atenta a lo que me rodeaba de una manera más táctil e inmediata. Tomé conciencia de lo cotidiano, de detalles que antes no sabía que eran esenciales para mí, como el simple hecho de encontrarme con la luna en mi día a día.

Desde entonces, estos ejercicios de percepción y atención se han convertido en el eje central de mi práctica. Estar *presente* y trabajar con los materiales y las posibilidades que ofrece cada entorno en el que me encuentro. Sentir lo que me atraviesa y habitar lo que afecta a mi alrededor. Recojo estas experiencias y trabajo *con* ellas o *desde* ellas. De ahí surge también el verde. En los últimos años, he pasado mucho tiempo en Balmaseda (Bizkaia), mi pueblo, así como en Bilbo y sus alrededores, donde el paisaje es verde. Elegir un color concreto —en este caso, el verde, aunque hace años trabajaba con el azul y el rojo— y experimentar con él hasta llevarlo a su límite como color, me permite alcanzar la esencia de lo que este color representa, al tiempo que profundizo en las lecturas sociopolíticas que lo impregnan. También es una manera de acotar, de concentrarme en algo en concreto y profundizar.

Por otro lado, la imagen digital forma parte de mi cotidianidad: trabajo constantemente con el móvil y el ordenador. Me interesa especialmente la hiperconectividad y cómo esta redefine y transforma nuestra época. Durante la pandemia, este fenómeno se hizo aún más evidente, cambiando profundamente la manera en que nos relacionamos y experimentamos la vida, tanto a nivel individual como colectivo. Esta transformación se refleja en mi trabajo, donde investigo las conexiones entre cuerpos, ya sean «humanos» o «no-humanos», para explorar cómo nos afectamos mutuamente.

En este contexto, la hiperconectividad amplía nuestras posibilidades de establecer vínculos que superan las barreras físicas del cuerpo. Aunque nuestra presencia material no siempre llega a todas partes, nuestra identidad digital nos permite interactuar, compartir y construir relaciones en un espacio virtual sin límites. Pero, al movernos en este terreno, también dejamos atrás parte de nuestra conexión con el cuerpo y el entorno tangibles. Soy milenial y vengo de un entorno rural, y creo que este origen define de manera crucial mi perspectiva y mi voz.

La conectividad es, de hecho, la idea principal de tu pieza *Recolectar y amontonar* (2025): cómo esta se ejerce en la naturaleza y cómo tú la trasladas poética y físicamente al espacio expositivo. Contigo ha sido primordial el diálogo con la arquitectura de la sala y la propuesta de montaje, la cual has alterado en parte. Ha habido cierto juego, si se quiere. Me parece que para ti es cada vez más importante esta relación específica con los espacios en los que expones tus piezas, lo que las desplaza a un plano más performático y cercano a la instalación. ¿Cómo conviven estas inquietudes en tu trabajo?

Entiendo la escultura como un ejercicio en el que un cuerpo se presenta ante otro cuerpo. Me interesa especialmente el juego de fisicalidades que se encuentran y se vinculan. Cómo una afecta a la otra, y cómo ese impacto transforma la esencia de ambas en su convivencia. Para mí, lo escultórico y lo instalativo están correlacionados: recojo a la vez que genero experiencias corporales.

Pienso constantemente en la importancia del espacio en el que se muestra el trabajo, pues no es un mero contenedor, sino un agente que condiciona la percepción y el significado de la obra. Intento aprovechar al máximo las posibilidades que se me brindan para intervenir en el espacio; es algo que me interesa cada vez más. Es una forma de salir de mi zona de confort, de ir más allá del proceso habitual de producir las piezas en el estudio y trasladarlas al espacio expositivo.

Me parece oportuno pensar cómo se relacionan el alga o la planta y la escultura a nivel formal, si una prevalece sobre la otra o si, por el contrario, hay más convivencia.

Elegí el alga porque me fascina la forma en que roza mis pies cuando me baño en el río de mi pueblo. Siempre me ha maravillado verla bailar en el agua, como una melena infinita. Me interesa extraerla de su hábitat natural y ponerla en diálogo con otros espacios, explorando cómo su presencia los transforma.

Trabajo *con* ella —o *desde* ella— con plena consciencia de su forma, función e identidad. Busco descontextualizarla para entender qué nuevas identidades adquiere en distintos entornos y cómo resignifica los espacios en los que habitualmente no está presente.

A propósito de la producción material y su relación con el espacio y el tiempo que habitamos, empleas unas resinas que son biodegradables en un porcentaje muy alto. Me pregunto en qué grado te preocupa su sostenibilidad o su conservación. ¿Cómo afectan estas cuestiones a tu práctica?

Hace años que tengo un ramo de flores secas: guarda una vivencia que quiero tener presente en casa. Una amiga me enseñó a secarlas poniéndolas boca abajo. No sé si permanecerá en el mundo una eternidad, pero me acompaña mientras yo estoy aquí.

Creo que lo fundamental es que lxs artistas tengan plena libertad para elegir los materiales con los que trabajan. Si esa elección está determinada por factores ajenos a su búsqueda artística, más allá de una cuestión estilística, no me resulta interesante como posicionamiento. Claro que todxs pensamos en algún momento en la instalación y durabilidad de nuestras piezas, pero en mi caso hago que esto no me condicione. Tengo una amiga restauradora que, cada vez que visita mi estudio, me recuerda que la conservación es su labor y que el uso de materiales naturales en el arte tiene una larga tradición.

Efectivamente, la experimentación material contiene su propia historia. Retomando la idea de conexión o conectividad: ¿cómo te sitúas tú respecto a tu práctica con relación a una generación importantísima de escultoras trabajando en el país?

Me entusiasma vivir este momento de mayor presencia y libertad de las mujeres en el sistema del arte. Sé que suena idealista y que aún queda mucho por hacer —soy plenamente consciente de ello—, pero no puedo evitar comparar. Cuando estudié en la Universidad del País Vasco (2010-2015), las referencias a mujeres artistas eran mínimas, y solo han pasado diez años. Hoy miro a mi alrededor y veo un panorama distinto y eso me entusiasma.

Admiro profundamente a todas las que han luchado para estar donde están, trabajando desde la libertad de expresión, haciendo lo que realmente quieren hacer. Sé que no ha sido fácil, pero ahí están. Ellas nos han abierto el camino a quienes venimos por detrás. Aún tenemos mucho que revisar del pasado y traer al presente, además de reflexionar desde el lugar en el que estamos creando en la actualidad, pero quiero ser optimista.

Para terminar, te propongo ahondar en tu relación con el contexto y la tradición escultórica vascos, precisamente, desde esa transgeneracionalidad en la que otras artistas han ido abriendo caminos con gran esfuerzo, dedicación y generosidad, y, en muchas ocasiones, desde haceres lentos, discretos y muy poderosos.

La herencia siempre implica un peso, con aspectos tanto enriquecedores como desafiantes. Lo fundamental es que cada persona tenga la libertad de decidir qué parte de esa herencia acepta. Pero hay que ser consciente de que el nivel de aceptación dentro del sistema del arte estará condicionado por cuánto de esa herencia decidas incorporar, porque tendrás que enfrentarte a ello; yo, por ejemplo, lidio con esta cuestión todavía hoy en día.

Estoy llevando a cabo un intenso trabajo de búsqueda y construcción de mi propio lenguaje como artista. No es una tarea sencilla, ya que mientras me busco, me pierdo y me vuelvo a encontrar a mí misma en ese proceso, el sistema artístico sigue perpetuando una forma concreta de hacer o de limitar qué es el arte vasco, hasta para lxs que somos vascxs, que en mi caso no es una percepción real cuando miro a mi alrededor. Y aunque en mi contexto haya artistas vascas a las que admiro por su libertad a la hora de expresarse y su identidad tan personal, tengo la necesidad de encontrarme con otros contextos y otras comunidades artísticas con intereses diferentes para buscar puntos de fuga. Salir de mi comunidad y vivir otra manera de entender y hacer arte siempre me ha resultado muy interesante y enriquecedor. Pienso que es imprescindible salir de tu zona de confort para crecer y observar quién eres. Moverte te hace buscar una mirada propia con perspectiva.

Jesús Madriñán

Sin título (*Arena y envoltorios*), de la serie *Lanzarote*, 2024

Sin título (*Malik*), de la serie *Lanzarote*, 2024

Sin título (*Flores. Real Academia de España en Roma*), 2024

Realizada en 2024 durante una estancia en Lanzarote, la serie a la que pertenecen estas fotografías trata de captar la idiosincrasia de la isla y su identidad, conformadas en gran medida a partir de la migración y el turismo masivo. Estas dos realidades opuestas coexisten como un espejo perfecto del encuentro geográfico y político entre África y Europa, así como de la inequidad y la paradoja respecto a la circulación de personas en el mundo contemporáneo.

Claramente influenciada por la tradición pictórica occidental, en esta serie conviven bodegones elaborados a partir de materiales autóctonos o de residuos encontrados en la playa, junto con retratos monumentales tomados con una cámara de gran formato analógico. De este modo, Jesús Madriñán trabaja en la preservación de la imagen fotográfica analógica desde una postura transtemporal que nos recuerda la urgencia de seguir reflexionando en torno a la materialidad de las imágenes en la contemporaneidad.

Jesús Madriñán fue residente en la Real Academia de España en Roma durante el curso de 2015-2016, lugar al que regresó en 2024 como invitado a desarrollar un proyecto específico para la exposición *Paseos paralelos. Imágenes de Washington y Roma desde el Gianicolo*, centrada en la revisión del trabajo de antiguos fotógrafos también becados en la Academia.

Esta fotografía muestra un pequeño rincón del estudio de Madriñán. Con un encuadre intimista, la imagen captura la experiencia romántica del discurrir de la vida cotidiana en este contexto idílico para los artistas residentes.

Beatriz Alonso   Hablemos de fotografía, me gustaría conocer en mayor profundidad desde dónde exploras la producción de imágenes en la contemporaneidad; es decir, cómo te posicionas con relación a la necesidad de seguir creando desde el arte imágenes alternativas a las predominantes, orientadas en gran medida al consumo.

Jesús Madriñán   Se trata de una necesidad personal, algo tan sencillo y humano como la necesidad de poder expresarme, de compartir, de exteriorizar pensamientos. En mi vida soy muy comunicativo, me cuesta callarme las cosas, no compartirlas. Imagino que de ahí surge esta necesidad. Y, a su vez, la fotografía es el medio que me permite hacer esto con mayor comodidad. Las imágenes que promueven el consumo suelen venir acompañadas de una voluntad propagandística, tienen como objetivo la venta o promoción de un producto o, incluso, de personas. En el arte sucede algo diferente, la producción de imágenes nace con una vocación más humanista, política, antropológica y, por lo tanto, necesaria. Por ello, es imprescindible seguir produciendo imágenes con las que deleitarse, sí, pero con la intención de, frente a ellas, poder detener el tiempo para arrebatar a las imágenes de consumo su actual posición dominante.

Con relación al tiempo, en una de nuestras conversaciones me contaste que utilizas una cámara analógica de gran formato, con independencia de dónde estés trabajando, en el taller o en el espacio público. Imaginarte con esa cámara, destinada originalmente al retrato de estudio en el siglo pasado, me pareció una imagen muy poderosa, una forma de estar en el mundo y de relacionarse con la fotografía desde una postura transtemporal.

Exacto, se trata, una vez más, de detener el tiempo. Acercarse al mundo contemporáneo desde otro lugar, con otras herramientas o desde otra perspectiva. Incluso fotográficamente. Jugar con ello, cambiar los ingredientes de la receta para intentar crear un plato nuevo, diferente y, con suerte, sabroso. Yo siempre lo llamo «el choque de trenes». Plantarse en la pista de baile de una discoteca en pleno siglo XXI con una cámara de 1903 es toda una paradoja, casi una contradicción. El tempo de todo lo que me rodea en ese momento es agitado, vibrante; en cambio, el proceso técnico de una cámara de placas es complejo y lento, de otra época. Ese choque de realidades dota a la imagen resultante de unas características únicas. Además, el uso de una cámara de placas me permite dar una vuelta de tuerca más al juego de la representación; cuando colocas a alguien frente al objetivo de este tipo de cámaras sucede algo especial: la persona toma conciencia de lo inusual de la situación y de que, quizá, eso que está sucediendo podría ser algo trascendente. El comportamiento de la persona retratada, cómo se muestra frente al objetivo, es diferente si está delante de una cámara de placas, una digital o de un iPhone, por ejemplo.

A propósito, te propongo ahondar en cómo es el proceso de trabajo con las personas que retratas.

Para mí es importante pertenecer al lugar o a la realidad de la que estoy hablando, vivir al menos un tiempo en ella, que forme parte de mi vida; sin embargo, me sucede lo contrario con las personas que retrato. No suelen ser personas que conozca de antemano y no intento nunca ahondar en nuestra relación o siquiera llegar a relacionarme con ellas, de hecho, nuestro contacto suele ser fugaz y puntual. Entiendo mi práctica un poco como la de ese científico que hace salidas de campo para tomar muestras de aquello que quiere analizar, pero conociendo bien el entorno y teniendo claro en qué quiere ahondar.

Normalmente, monto mi cámara y equipo de iluminación en un lugar que me interesa y he estudiado previamente; después, espero pacientemente en ese lugar a que pasen por delante sujetos que me interese retratar. Cuando eso sucede, me acerco y les explico qué hago allí, les propongo formar parte del proyecto y los retrato; pero es algo efímero, momentáneo. Lo que sí es importante para mí y para el proyecto es que intento favorecer una atmósfera de calma. Les hablo de forma pausada, tranquila, intentando que se genere un espacio seguro, de confianza, aunque sea un espacio que compartamos por un tiempo limitado. Les explico el funcionamiento de la cámara y los pasos que vamos a seguir. Por último, y esto es algo que me gusta mucho, me giro y no los miro en el momento en el que tomo la fotografía. No quiero que sientan la presión de mi mirada sobre ellos, me resulta casi violento. Me gusta darles la oportunidad de que decidan, sin el condicionamiento y la presión de mi mirada, cómo quieren mostrarse frente a la cámara, cómo quieren mostrarse frente al mundo.

Trabajas con fotografía analógica y de gran formato, entiendo que interesado en la materialidad de la imagen resultante y en una escala mayor a la humana. Las composiciones, el cuidado que dedicas a la luz y al color, el formato, que se relaciona con cierta dignificación de los retratados o de lo retratado, y los géneros que utilizas, principalmente el retrato y el bodegón, conectan directamente con la tradición pictórica europea. ¿Cuánto interés o influencia de lo pictórico hay en tu trabajo?

Me formé en Londres y, durante los años que viví allí, casi visité más veces la National Portrait Gallery que la Tate Modern. Claro está, también visité la Tate muchísimo, de hecho, vivía justo detrás de ella, pero la National Portrait Gallery siempre fue ese lugar en el que sentirme cómodo, en casa. Lo mismo me sucedió los años que viví en Roma y en mis visitas a Florencia. El placer de disfrutar *La Fornarina* o la *Dama con el Unicornio* en la Galería Borghese de Roma. En mis fotografías, la evocación pictórica suele estar presente por el uso de la luz y, por supuesto, por el gran formato analógico. No olvidemos que estamos hablando de una placa, un negativo de grandes dimensiones, algo que existe físicamente. Aquí no hay píxeles, aquí hay materialidad, hay química, y ello genera una textura, unos colores, un acabado que nos remite a otro momento en el tiempo.

Sueles trabajar en series fotográficas, destinando una temporalidad amplia a cada cuerpo de trabajo. Para terminar, me interesa indagar en esta temporalidad extendida, algo que evidencia una apuesta por procesos lentos en el mundo tan acelerado que habitamos, así como en la convivencia entre las agencias individual y colectiva de cada pieza.

Efectivamente, cada pieza forma parte de una serie, pero, al mismo tiempo, siempre la entiendo de forma individual. Creo que mis fotografías se defienden y significan por sí mismas, sin necesidad de tener que dialogar o formar parte de una composición mayor. De hecho, me gusta que así sea, que puedas posar el ojo en cada una de ellas por separado y embriagarte bien de lo que tienes enfrente, perderte en ello, disfrutarlo. Como bien dices, son piezas monumentales y cada una de ellas, como sucede en una buena pintura, es un pequeño universo acotado con unas fronteras delimitadas. Eso no quiere decir que no pueda hacer en algún momento alguna composición o díptico, pero no suele darse el caso.

En cuanto al tiempo que dedico a cada cuerpo de trabajo, viene dado por dos factores importantes. El primero es la técnica que utilizo, que me obliga a dilatar mucho los tiempos. Cuando tomo una fotografía, no puedo ver el resultado hasta una semana después, una vez que ha sido revelada y positivada, por lo que las decisiones que tomo de cara al proyecto son graduales y lentas. El segundo factor tiene que ver con mi necesidad de formar parte, desde un punto de vista casi autobiográfico, de aquello de lo que estoy hablando. No me siento del todo cómodo con un acercamiento exprés a según qué realidad para documentarla, como el turista que llega a un lugar y saca una serie de fotos desde su perspectiva de no pertenencia. Para mí es importante conocer el contexto, habitarlo, formar parte de él. Y no busco documentarlo, sino hacerlo mío, quizá no tanto hablar de él como de quién soy yo en él.

Mònica Planes

Ser por separado, 2022-2024

En esta instalación Mònica Planes reúne un conjunto de tres esculturas, cada una de las cuales recoge la huella solidificada de dos cuerpos en movimiento y en contacto con la arena. De esta forma, cada pieza contiene una manera diferente de establecer una relación física entre los cuerpos y con el material, lo que da lugar a tres posibilidades de acercarse y alejarse.

Gracias a la versatilidad de la arena y el cemento, materiales con los que la artista trabaja a menudo, Planes consigue captar el movimiento en un momento preciso, incorporando una dimensión temporal y performática a la escultura. La negociación con el material durante la realización de la escultura hace posible que la acción de los dos cuerpos se traslade al espacio expositivo, donde las piezas entran en relación con otros cuerpos y sus distintas posiciones.

Las protuberancias y los huecos, el anverso y el revés, la superficie, la trama, la estructura y el color conviven en un plano de no competencia. Todos estos elementos unidos desencadenan numerosas imágenes que se debaten entre los ámbitos de la visión y el tacto, la figuración y la abstracción, la sensualidad y la dureza, lo fluido y la quietud.

Beatriz Alonso   Hemos hablado mucho de escultura durante el proceso, de materiales, de genealogías y de una generación importantísima de escultoras trabajando con fuerza en el país, a la que te sientes cercana. Quizá podemos empezar hablando de contexto o escena y de esta dimensión colectiva de la práctica que va más allá de lo individual.

Mònica Planes   Creo que lo que hacemos va tomando forma como una respuesta a aquello que nos rodea. Respondes a lo que te gusta y a lo que no, y así vas encontrando lentamente tu lugar. Y no necesariamente acercándote a lo que te gusta y alejándote de lo que no: muchas veces es al revés. Tienes que acercarte a lo que te conflictúa para tratar de entenderlo. Otras veces, en cambio, hay cosas que te gustan tanto que es necesario tomar distancia, para que no se te echen encima. Por eso, es una suerte que ahora mismo en este contexto haya un grupo de gente tan sólido y bonito trabajando en escultura, ya que eso da pie a muchas conversaciones de este tipo que acaban teniendo un peso importante sobre el trabajo de todas. El único riesgo que le veo a esta situación es que, dependiendo de cómo se lleve a cabo, esta conversación pueda empezar a cerrarse sobre sí misma.

Este hacer colectivo está presente en tu trabajo a través de la negociación que se da entre tu cuerpo y los materiales con los que trabajas, los cuales tienen su propia agencia, así como en el encuentro con otras personas que se da en tus procesos escultóricos, y de nuevo entre estas y los materiales. Llevas tiempo trabajando con cemento, arena y agua, pidiéndoles otros comportamientos distintos a los que predominantemente han tenido a lo largo de la historia: aprendiendo sobre ellos, reflexionando sobre cómo han moldeado nuestra forma de estar en el mundo. ¿Nos podrías contar más en detalle acerca de este proceso que ha dado lugar a *Ser por separado* (2022-2024), las piezas que presentas en la exposición?

Lo primero que hice hace mucho tiempo fue llenar un encofrado con cemento y, a lo largo de los últimos años, he desarrollado este mismo proceso de trabajo en dos fases a través de las cuales doy forma a las esculturas usando el movimiento del cuerpo entero como una herramienta para moldear el material. Este proceso es posible gracias a las características del hormigón armado. El hormigón es una mezcla de cemento, áridos, agua y, a veces, también acero. Lo que hago es cambiar las proporciones de esta mezcla para alterar las características finales del material. Es decir, la arena, que aporta flexibilidad a la mezcla, la convierto en el material principal y en el medio donde se desarrolla la acción. Disminuyo al máximo la cantidad de cemento, que es el que aporta la solidez. Y trabajo con una cantidad excesiva de agua, ya que es la que permite el movimiento de la mezcla. Así, ralentizo un proceso de trabajo (el vertido) que habitualmente es muy rápido y se hace en un solo y definitivo paso que deriva en un sólido monolítico indestructible y también inalterable. A la vez, esto me permite deshacerme del encofrado, que es la caja que define la forma final de la escultura. En su lugar, el movimiento del cuerpo en la arena deja un rastro que luego puedo fijar con cemento y fortalecer con acero. Cuando ha secado, esta costra se despega de la arena y lo que obtengo es la escultura. Al trabajar el hormigón de este modo, he entendido que se trata de un material maleable que se puede convertir en todo lo que quieras: siempre adopta ciertas características del encofrado con el que le des forma. Si el encofrado es de plástico, el resultado será impermeable como el plástico. En cambio, si es de madera, el resultado será poroso como la madera. Al sustituir el encofrado por mi cuerpo, traspaso algunas características mías a las esculturas. Por tanto, estas piezas funcionan de alguna manera como un espejo que revela características del cuerpo que les ha dado forma. En este caso, materializan el contacto entre dos cuerpos que se mueven de modo diferente en la arena. A su vez, las posibilidades de su movimiento no solo dependen de ellos, también de las características de la arena.

Así, introduces una naturaleza performativa en las piezas, además de una dimensión temporal muy importante, como si consiguieras la tarea imposible de aprehender un momento preciso, que se materializa en una forma concreta. Mencionaste que estableces un contrato con la pieza en esa relación temporal, algo que me resulta más cercano a la temporalidad de las artes en vivo.

Tengo la impresión desde hace tiempo de que, actualmente, la producción escultórica no es sostenible en ninguna de sus fases. No lo es su producción, puesto que la mayoría de los materiales con los que se suele trabajar son muy contaminantes o difíciles de reciclar; tampoco es sostenible su mantenimiento, almacenaje o transporte. Esto no ha sido una razón para dejar de hacer escultura, sino un factor para repensar cómo llevarla a cabo. Por eso, con el tiempo, he ido considerando más importante el efecto que el proceso escultórico tiene sobre mí que la escultura en sí misma. Viendo las dificultades de gestión con las que me he tenido que ir enfrentando, la fase previa de movimiento ha ido cobrando cada vez más importancia. Para realizar esta parte del proceso de trabajo no necesito más que mi propio cuerpo o el de otras, y puedo esbozar la escultura a base de repetir un movimiento sobre la propia musculatura, sin generar residuos innecesarios. De esta forma, guardo la escultura en la memoria muscular y puedo repetirla siempre que quiera, donde quiera. Por supuesto, nunca es exactamente igual, ya que su formalización depende del sitio en el que se materialice y de cómo me encuentre yo en ese momento. La pieza va evolucionando con el tiempo y esto me lleva a pensar la escultura desde una perspectiva propia de las artes escénicas. Es decir, la escultura no es algo concreto ni acabado, sino algo abierto, algo que pasa, como un acontecimiento, aunque sin dejar de ser una cosa.

Contigo ha sido importante la naturaleza instalativa de las piezas en diálogo con elementos existentes de la arquitectura de la sala; de hecho, propusiste hacer uso de dos de sus muros móviles. Además, has instalado las piezas en altura, un gesto importante que nos obliga a poner el cuerpo debajo, mirar hacia arriba, a la estructura y al reverso, lo que introduce otras formas de relación con las piezas en el espacio expositivo. Sueles incorporar objetos que forman parte de la cotidianidad en la que expones, con lo que proporcionas una referencia al espacio y al tiempo al que pertenecen. Dijiste que aprendes de la máquina.

Claro, esto en parte se debe a que la arena es el material que más uso en mi proceso de trabajo, ya que me sirve para registrar el movimiento del cuerpo. Una vez registrado, puedo solidificarlo empleando otros materiales. Después, la arena recupera su forma y la reciclo para un nuevo proceso. Pero también la utilizo como molde para las piezas o como soporte para trabajarlas. Con el tiempo, se ha convertido en el medio en el que se desarrolla mi práctica. A veces, al sacar las piezas de ahí, tengo la impresión de que les cuesta encontrar su lugar en el espacio, dado que no han tocado antes el suelo y remiten a un cuerpo y a un lugar que ya no están. Por eso, recientemente, en un intento de anclarlas al presente, he empezado a introducir objetos que de alguna forma aportan una referencia tanto espacial como temporal a la pieza. Estos objetos, a veces, son propios del lugar en el que se presentan las piezas. Por ejemplo, la primera vez que mostré este conjunto de tres elementos que he llamado *Ser por separado* fue en el interior del camión de la frutería Maison Carpinelli en Barcelona. En esa ocasión, usé los enseres propios del transporte de fruta como las cajas o los *pallets* para instalar las piezas. En cambio, en *Un tiempo elástico (2013-2023)*, hemos recurrido de una forma más bien escultórica a las paredes modulares de la sala de exposiciones para acercar el espacio a las piezas y a la inversa. Así, se genera este lugar a medio camino entre la idea de pieza y la de objeto, que de alguna manera siento que es un poco más densa y más lenta.

Me interesa profundizar en la forma que le damos a las cosas, más allá del concepto de representación predominante en la historia de la escultura. En la contemporaneidad los materiales tienen su propia historia que contar.

Sí, creo que, como comentas, cada material tiene su propia agencia y hacer escultura es una negociación con este, no podemos obviar las características que cada material carga consigo. La escultura, cada una a su modo, se hace con el cuerpo e implica un proceso performático y las características de cada material tienen un efecto sobre nuestro propio comportamiento al entrar en contacto con él. A través del proceso de trabajo puedo alterar estas características, pero no modificarlas. Por ejemplo, el cemento es un material duro, que funciona por compresión, muy resistente cuando está armado, cerrado sobre sí mismo, eficaz, versátil. Trabajarlo implica una actitud premeditada y calculada. La paja es todo lo contrario: dispersa, incontrolable, abierta, indefinida, imprevisible. Yo puedo hacer que la paja actúe como el cemento y el cemento como la paja, y, aunque esto les otorgue nuevos comportamientos, ninguno de los dos dejará de ser lo que es. Quien cambiará su estado respecto a ellos, de hecho, seré yo. Y eso es lo que me interesa de hacer escultura: tener en cuenta las características del material para ponerme en una situación o en otra al trabajarlo. Por eso me cuesta tanto pintar las esculturas. La primera vez que lo he hecho ha sido en estas tres esculturas que se presentan en la exposición. Aún no sé cómo me siento al respecto.

Podemos terminar hablando de fragilidad con relación a recontar el relato de la escultura desde un lugar menos masculino y desde una forma menos binaria de estar en el mundo, en la que la fragilidad no sea lo contrario a la fuerza y donde se ponga en valor su agencia como parte intrínseca de nuestra naturaleza. No hay respuesta, pero quizá podemos imaginar juntas cómo estar y seguir haciendo en este mundo de ruptura y aislamiento que nos ha tocado habitar.

Estoy de acuerdo con lo que dices. Un claro ejemplo de ello es la escultura pública. Su derrota es no poder ser frágil: las esculturas públicas que vemos en nuestras calles solo sobreviven porque son indestructibles. Y eso es debido a que no les queda otra, la única forma que tienen de encontrar su lugar en un espacio público básicamente masculino es eliminando cualquier forma de fragilidad que puedan llegar a tener. Por eso, cuando pensamos en escultura pública, lo primero que nos viene a la cabeza es un mamotreto enorme de metal. Ojalá poder pensar en un espacio público que acogiese todas las esculturas que responden a las prácticas actuales, donde la fragilidad no se entiende como un defecto. Más bien al revés: lo frágil no suele ser eterno y, por tanto, nos obliga a repensarnos. Pensarse no me parece ser débil, tener la capacidad y la valentía de ponerse en cuestión una y otra vez, al contrario, demuestra mucha fortaleza. Por eso, generar un espacio público para las prácticas escultóricas que trabajan desde lo frágil supondría un cambio radical en la gestión del espacio y de cómo lo habitamos.

Belén Rodríguez

Plástica, 2013-2025

En esta instalación, realizada de manera específica para la exposición, Belén Rodríguez parte de una colección de residuos de plástico recolectados en diferentes playas de Cantabria, los cuales recuerdan a una suerte de yacimiento arqueológico de juguetes triturados.

Este proyecto, que comenzó durante su residencia en la Real Academia de España en Roma en 2012, reúne referencias a la arqueología, la historia, el juego, la fiesta, lo infantil y el idealismo de las vanguardias artísticas del siglo XX.

La artista compone un mural con algunos de estos elementos subrayando la contradicción entre su adaptabilidad y el impacto negativo y duradero que el uso y abuso del plástico tiene en nuestra sociedad. En este sentido, plantea una relación alternativa con estos restos de plástico, omnipresentes en el mundo que habitamos, que terminarán siendo la herencia que nos sobreviva cuando ya no seamos nada.

Beatriz Alonso   Me interesa mucho la plasticidad en tu trabajo, tu dominio del medio pictórico y tu aproximación a él desde un lugar contemporáneo que consigue ir más allá sin reducir por ello el conocimiento especializado y la tradición asociados a la pintura. Me parece necesaria y nada fácil esa convivencia entre la contemporaneidad, la tradición pictórica y la accesibilidad que alcanzas con tus piezas.

Belén Rodríguez   Muchas gracias. Me gusta y creo mucho en el arte. No me parece que el arte de ahora sea superior al arte tradicional y procuro no perder de vista que pertenecemos a una época y que es tan importante nutrirse de las circunstancias concretas de nuestro tiempo como mantener el ojo en un horizonte más lejano, más universal.

Por otra parte, Oscar Wilde decía en *El retrato de Dorian Gray* que «la belleza no necesita explicación. Es una forma de genio» y que «El auténtico misterio del mundo es lo visible, no lo invisible». Confío en que la plasticidad es una vía directa de comunicarse con el intelecto, aunque sea a través de la sensualidad y la sugerencia.

Estos distintos tiempos de los que bebes y hacia los que apuntas conviven con una apuesta por haceres y formas de vida lentas.

En realidad, vivo con el mismo ritmo acelerado que el resto de la sociedad, aun viviendo en un lugar alejado de la ciudad. Quizás por eso, no puedo dejar de pensar en la importancia del ocio, del tiempo libre, de la necesidad de lo inútil, del tiempo no efectivo. ¿Cuántas cosas resolvemos mirando el paisaje desde la ventanilla del tren, simplemente por no tener más remedio que estar sentado allí, esperando?

La industrialización y el capitalismo se han instaurado como una filosofía de vida en la que todo debe tener un valor económico. Pero, en consecuencia, formamos una sociedad frustrada. Olvidamos que la economía también es ecología, cuidar los recursos y a las personas, y, dentro de esta ecuación, el contacto con la tierra, con los materiales en su forma original, y su manufactura resultan fundamentales. De alguna manera, la manualidad, el tiempo lento y el respeto por la naturaleza van unidos.

Tu inquietud por la ecología es real, en el sentido de que va más allá de lo discursivo, tan extendido en una parte de la producción artística y teórica actual. Has hecho de esta preocupación por la naturaleza, la sostenibilidad y el decrecimiento tu modo de estar en el mundo, alcanzando un equilibrio bastante difícil de conseguir y sostener entre la vida en un entorno rural y una práctica artística profesionalizada presente dentro y fuera de este.

Una crisis personal me llevó a encontrar la paz en la montaña y en el mar. De hecho, fue en el Cantábrico donde me bañé un 1 de enero con mis nuevos propósitos. La casualidad ha hecho que sean esa playa y ese mar, en el que ahora me baño los veranos, y que sea ese monte cercano en el que ahora vivo. Sin embargo, nunca fue mi intención vivir en el campo. ¿Qué ha pasado aquí? No creo que hubiese podido emprender el camino al revés. Han sido necesarios muchos viajes para llegar al sitio al que he llegado.

En tu obra el color tiene su propia agencia, es estructural, toma decisiones. Con tu investigación alrededor de técnicas tradicionales de tinturas naturales te has sumergido en un proceso de aprendizaje de largo recorrido.

Trabajaba sacando el color de tejidos teñidos industrialmente mediante el uso de corrosivos. Me gustaba dejarme sorprender por lo que emergía decolorando las telas, pero, a la vez, me producía mucho rechazo trabajar con sustancias tan desagradables para el cuerpo y la naturaleza.

Por eso, seducida por lo que significa la tintura con plantas, es decir, que el color de la planta sea parte molecular de los tejidos, como la savia, como la sangre que fluye por un cuerpo, me empecé a interesar por esta técnica artesanal. El color lo iba a aceptar fuese como fuese, porque lo que me atraía era su idea... y porque además en la naturaleza no existen colores feos. Ni tampoco inarmónicos. La naturaleza es capaz de combinar mezclas imposibles sin inmutarse.

Además del dominio pictórico, te mueves con soltura en el espacio y tomas riesgos a la hora de afrontar instalaciones a gran escala. En la intervención que presentas en la exposición, *Plástica* (2013-2025), es fundamental tu relación con la arquitectura de la sala. Además, en esta pieza se da algo muy poderoso que tiene que ver con tu capacidad para ir de lo micro a lo macro, así como para componer con elementos muy pequeños: esto sucede en muchos de tus trabajos.

Cuando era pequeña no sabía si quería un telescopio o un microscopio. Recuerdo viajar en coche con mis padres por la noche y tumbarme encima del maletero (no llevábamos cinturón de seguridad en esa época) y pensar en lo infinito de la noche y del universo.

En *Plástica* compones en el espacio expositivo a partir de los residuos plásticos que has ido recolectando en las playas de la costa de Cantabria. En ella conviven la belleza, esa plasticidad a la que aludes en el título, con el horror de su origen, la destrucción extrema a la que hemos sometido al mundo natural durante siglos y que evidencia ahora sus peores consecuencias. Ante esta pieza, la emoción y el goce estético se mezclan con cierta tensión e incomodidad, lo que, en mi opinión, insiste en la complejidad y en la necesidad de la práctica artística en la actualidad.

Absolutamente. Es una verdad incómoda. Me sorprende cómo nos engañan con el tema de nuestros residuos y que no le demos más importancia. ¡Con lo importante que es! ¿Cómo hemos podido llegar a esto?

Leí un artículo interesantísimo en una revista de arqueología. En ella, expertos analizaban una bolsa de basura de los años ochenta que había sido encontrada en un agujero para averiguar exactamente de cuándo era. La bolsa contenía, por ejemplo, unas tapas de yogures, pero no los recipientes... Esto los llevó a deducir que la bolsa debía de ser de cuando se empezaron a vender yogures en recipientes de plástico, ya que, al ser algo tan novedoso, la gente no se deshacía de ellos y los guardaba para utilizarlos, por ejemplo, como semilleros. ¡Este hecho me parece tan significativo...! ¿En qué momento hemos dejado de sorprendernos de lo mala que es la idea de emplear el plástico como material de un solo uso? Estamos demasiado malacostumbrados. El plástico es un gran material. De una grandísima utilidad. Su problema ha sido ser tan barato. Si no lo fuera, hubiéramos hecho desde el principio un mejor uso de él y los océanos no estarían infestados. El plástico como una piedra preciosa, ¿te imaginas?

Así es en la infancia, cuando todo residuo es susceptible de convertirse en otra cosa. Podríamos terminar destacando esta cualidad imaginativa y juguetona inherente a la infancia que impregna toda tu producción.

Pues me gusta mucho eso. Admiro mucho a los adultos que ponen su inteligencia a disposición de los niños. Bruno Munari o Enzo Mari tenían a los niños muy presentes. Casi diría que sus mejores obras se las dedicaron a los niños. Gianni Rodari defendía la fantasía de los niños como un bien precioso. Charles y Ray Eames diseñaron unos juguetes en los que se tomaban el placer muy en serio. Andy Warhol hizo una exposición colocando los cuadros a la altura de los niños. ¿Qué sería de Isao Tomita sin ese impulso infantil de la experimentación y el juego en sus composiciones musicales? Parece que todos ellos comprendieron que la inteligencia de los niños hay que cuidarla con el mayor de los respetos. Cuidar esto es tan básico e importante como cuidar la naturaleza. Es pensar en el mundo como un lugar con futuro, no se trata de explotar el presente, tratar de que el niño sea útil y competente cuanto antes, sino de entender a los niños como una pieza clave en un ecosistema que continúa mañana.

Javier Rodríguez Lozano

Sombra de verano, 2023

A canelita y clavo huele mi jardín, 2024

Camilla, 2025

Eósfora de agosto, 2025

Este grupo de pinturas pertenecen al proyecto *Factor de protección*, con el que Javier Rodríguez Lozano reflexiona desde 2019 sobre una tradición aún presente en los pueblos de La Mancha y en otras regiones del interior de España: la instalación de cortinas que protegen la madera de las puertas de acceso de las casas. En este elemento textil conviven escenas quijotescas y agrarias, de naturaleza folclórica y *kitsch*, con otras más sobrias, abigarradas o minimalistas que reproducen patrones ornamentales, florales y geométricos.

   Interesado por las propiedades materiales, instalativas y simbólicas de esta costumbre local, en los últimos años, Rodríguez Lozano ha prestado especial atención a las cualidades pictóricas de los diseños florales y figurativos de las telas encontradas en su pueblo de origen, La Puebla de Almoradiel, en Toledo. A través de este objeto de paso, frontera entre el interior y el exterior del espacio doméstico, el artista apela a una identidad y una memoria territoriales en crisis y transformación, así como a la tensión sostenida entre las identidades individuales y aquellas de los lugares que nos conforman.

Beatriz Alonso   En nuestro proceso, he insistido en la relevancia de lo pictórico dentro de tu investigación. Me gustaría hablar de pintura y de materia, pues la cuestión material posee una entidad importante en tus piezas. Me pregunto cómo te relacionas con este medio desde tu formación en la facultad de Bellas Artes de la Universidad Complutense de Madrid (UCM), en la que existe cierta tradición pictórica, hasta el presente, cuando tus proyectos atraviesan lo pictórico desde lo cotidiano, abriéndose a otros medios y lenguajes, pero donde la pintura sigue siendo la base estructural de pensamiento.

Javier Rodríguez Lozano   Es curioso porque durante la carrera apenas cursé asignaturas de pintura: las optativas que elegía eran sobre todo de escultura y grabado, y en las troncales de pintura me las arreglaba para terminar haciendo instalaciones. Fue durante mi estancia de estudios en Múnich cuando realmente empecé a pintar. Más tarde, al cabo de un par de años, regresé a la facultad de Bellas Artes de la UCM para realizar el Máster en Investigación en Arte y Creación (MIAC), y recuerdo bien a un profesor que, entre risas, me decía que si me había ido decantando por la pintura muy posiblemente fuese porque no cursé esas asignaturas durante la carrera.

Echando la vista atrás, realmente sí, la pintura ha sido (y es) un interés constante para mí. Era una de mis motivaciones principales para cursar la carrera, en principio, por una mezcla de escapismo, juego e idealización del medio y lo que lo rodea, hasta más tarde, ya como artista, cuando se convirtió en un ejercicio consciente lleno de significados. En estas últimas pinturas, más matéricas, más «frescas» y sueltas, vuelve a surgir esa idea de juego, de pasárselo bien mientras uno pinta, sin abandonar el hecho de crear una pieza situada en relación con un contexto, proyecto, investigación...

Señalas una forma de estar en el mundo y de relacionarte con el arte que tiene un alto componente lúdico y de disfrute: no tienes miedo a juguetear, a probar cosas, a experimentar, a equivocarte... Conservas una forma de hacer intrínseca a la infancia que me interesa especialmente.

Durante estos años he ido trabajando por proyectos, los cuales *a priori* parecen muy distintos entre sí, sobre todo en lo formal; sin embargo, existen lazos, más o menos estrechos, no solo en lo conceptual, sino también en lo material. Esto, pensándolo de una manera fría, creo que ha jugado (y juega) en mi contra de cara al mundo del arte, al no ser tan sencillo ubicarme en una sola práctica.

Por otro lado, el aspecto positivo es que uno no se convierte en esclavo de su obra o de lo que se espera de ella; al contrario, se refuerza la posibilidad de experimentar. Y este explorar diferentes maneras de crear es lo que tiene ese componente lúdico del que hablas.

En este sentido, durante estos últimos nueve años he ido evolucionando hasta llegar a este punto. Al principio, esos proyectos que comentaba eran más fríos y racionales, aunque con pequeños devaneos. Y es desde hace dos o tres años cuando he ido abrazando una manera de hacer más cálida, menos rígida, donde surge esa frescura intrínseca a la infancia que comentas.

Esto conecta con algunas de las pinturas de *Factor de protección* y se acentúa en los últimos lienzos que has pintado para la exposición, pero también en otros proyectos en los que estás trabajando actualmente: el tamaño de las piezas es una apuesta arriesgada por una escala pequeña. Me interesan varias cuestiones que orbitan alrededor de esta decisión: desde la poética hasta la económica, desde los espacios en los que se produce el arte a los medios de los que se dispone. Asimismo, me gustaría profundizar en tu posición como artista con relación a esta forma de producir, que imagino cercana a tu forma de vivir.

Aunque he realizado piezas grandes, es en las pequeñas donde me siento especialmente cómodo. Creo que un cuadro grande tiene una potencia inherente por sus dimensiones, cosa que a veces anula o maquilla un poco cómo de bueno es realmente. En cambio, siento que, con una obra de formato pequeño, por un lado, si uno es capaz de condensar las ideas de un proyecto/investigación en ella, esto ocurre de una manera densa y potente, y, por otro lado, ese microcosmos entra en relación con el público de una manera íntima.

En relación con esa idea de intimidad y microcosmos, desde siempre he sentido una fascinación por las cosas pequeñas: los insectos, los Legos, las maquetas y miniaturas, casitas varias... Supongo que como la inmensa mayoría de niños, en parte es una cuestión de escala. Y esa fascinación continúa hasta hoy, dentro y fuera de mi práctica artística.

También, dada la naturaleza de varios de mis proyectos, los cuales giran en torno a obsesiones visuales presentes en los diseños de cortinas, felpudos... El formato pequeño permite crear composiciones polípticas/panópticas donde poder apreciar toda la riqueza y variedad de las obras, desvelando su coherencia relacional; algo que sería más difícil de identificar si las viéramos de manera aislada.

Y, por supuesto, está la cuestión material y económica: los cuadros grandes son más caros de producir, más engorrosos de almacenar...

Lo pequeño enlaza con lo cotidiano. Tu investigación se sitúa en algunos de tus entornos más cercanos: tu lugar de origen, un pequeño pueblo en Castilla-La Mancha, el edificio en el que vives en Madrid, o las casas de tus amigos y allegados. Tu práctica artística convoca una mirada poética, antropológica, sociológica, afectiva. Con ella, prestas atención a los usos y costumbres, a la belleza que reside en las cosas más triviales, pero, también, a sus contradicciones. Atiendes a las tensiones que emergen en nuestras relaciones personales, con los lugares que habitamos o con aquellos de los que procedemos; en definitiva, a la negociación permanente que conlleva el día a día.

Va de la mano el hecho de que lo cotidiano sea algo pequeño y leve, y que sea la mirada la que lo dota de relevancia. Incluso en obras grandes y complejas, como *La vida instrucciones de uso*, de Georges Perec, la vista panorámica no es más que un puzle compuesto por pequeños elementos.

Para mí es importante situarse desde, a través y a partir de la práctica artística. En mi última etapa de la carrera y durante unos pocos años después, mi obra trataba principalmente sobre lo «natural» como constructo humano a través del trabajo en torno al paisaje. Aunque abordaba esta cuestión a partir de mi relación con el paisaje manchego, tenía la sensación de que lo que hacía estaba lleno de lugares comunes (y no en el mejor sentido de apelar a un imaginario colectivo, lo cual sí persigo), así que no lo sentía mío del todo. Tras algún bandazo, empecé a trabajar sobre lo doméstico y lo cotidiano desde mi día a día: felpudos, cortinas, gatos y, después, mis seres queridos, mi pueblo, Madrid...

Al final el objeto de estudio funciona prácticamente como un *macguffin*, como una distracción que nos permite hablar de relaciones personales, de afectos. Pienso mucho en esto, en cómo, al tratar temas complejos, políticos, como son las formas en que habitamos la ciudad o establecemos nuestras redes de afecto, o la cuestión del despoblamiento del interior de España, dejo que estos reverberen de manera sutil a través de la cotidianeidad que rodea a los proyectos, sin abordarlos de forma explícita.

Gracias a este reposicionamiento, me empecé a sentir mucho más cómodo con mi práctica, por un lado, porque mi voz era más legítima y personal, y, por otro, porque la obra podía apelar a un público mayor, tanto a gente ajena al arte contemporáneo, por aludir a un imaginario común, como a un público más sensibilizado con los códigos del arte actual.

Mario Santamaría

Latencia Negro Esmeralda, 2024

El Medusa Submarine Cable System
es la mayor infraestructura de
telecomunicaciones del mar Mediterráneo.
Diseñada para reducir el tiempo de conexión
entre Europa y el norte de África, consiste
en un cableado submarino de fibra óptica
de 8.700 kilómetros cuya inauguración está
prevista en 2026.

Esta tecnología es el punto de partida
del proyecto de Mario Santamaría, con el
cual investiga sobre cuestiones como la
representación o la dimensión material de
los fenómenos digitales. Tras una visita a
la construcción de uno de los puntos de
aterrizaje de esta infraestructura, ubicado
en el litoral de Sant Adrià de Besòs, en
Barcelona, el artista generó imágenes en
su estudio y las introdujo en Google Maps,
de manera que pueden ser visualizadas
en modo *Street View*. Actualmente, hay
setecientas imágenes distribuidas a lo
largo de siete kilómetros que van desde
la playa de Sant Adrià de Besòs hacia el
interior del mar siguiendo el trazado real del
Sistema de cable submarino Medusa.

Gracias a estas imágenes asistimos a un
cruce entre realidad y ficción que simula la
experiencia imposible de caminar a lo largo
de un cable de fibra óptica. Santamaría
trabaja, de este modo, entre lo virtual y lo
material, lo visible y lo invisible, haciendo
tangible una parte de la infraestructura
oculta que sostiene la naturaleza digital que
habitamos.

Beatriz Alonso   Hay una parte importante en tu trabajo que tiene que ver con su naturaleza instalativa, me parece que cuidas mucho la parte del proceso que sucede en el espacio expositivo. ¿Qué importancia tiene para ti hacer accesibles tus investigaciones, muchas de las cuales suceden en una dimensión virtual, en un plano físico, tangible?

Mario Santamaría   Cuando preparo una instalación no pienso en mostrar una investigación, priorizo los hallazgos a describir el camino que he seguido, y, a veces, ese hallazgo es el propio método. No me interesa una visión clínica de los procesos, prefiero algo difuso, con sus zonas nítidas y poéticas. Cada trabajo va adquiriendo formas diferentes dependiendo del contexto y de los recursos humanos y económicos existentes. Al igual que toda imagen digital es performativa, es un código que tiene que ser procesado por un *hardware* y un *software*, un proyecto deviene charla, instalación o *taller* dependiendo de los agentes e instituciones implicados. No pienso la escultura como algo que sucede únicamente en una sala expositiva. Pese a no ser evidente, me formé en escultura, disciplina a la que guardo un cariño indisciplinado.

Efectivamente, se percibe en tu trabajo una sensibilidad por el espacio y la materia. A propósito de esto, en una de nuestras conversaciones, mencionaste tu interés por la materialidad de los fenómenos digitales, cómo pueden afectarnos y *«reenredarse con nuestros cuerpos»*, te cito literalmente. En el proceso de investigación de *Latencia Negro Esmeralda* (2024), la instalación que presentas en *Un tiempo elástico (2013-2023)*, visitaste uno de los puntos de aterrizaje de esta inmensa infraestructura de cables que atraviesa el mar Mediterráneo, el Medusa Submarine Cable System, situado en el litoral de Sant Adrià de Besòs, en Barcelona. También comentabas que aquella playa estaba literalmente abierta en canal y me mostraste una imagen muy impactante e ilustrativa de ello. Sin embargo, no haces uso de esa imagen expositivamente, sino que, en su lugar, recurres a imágenes menos directas o espectaculares, algunas en las que el límite entre la realidad y la ficción es más borroso o inestable, imágenes que apelan a la imaginación o, como decías, a lo poético.

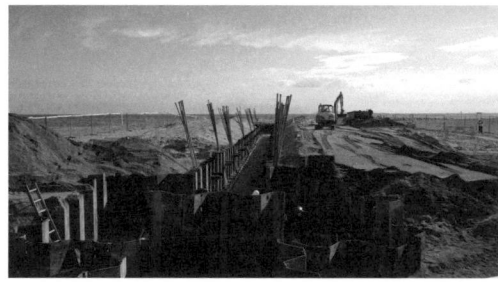

Me gusta que te fijes en esta foto. He usado esa imagen en dosieres y charlas, pero no en exposiciones. Forma parte de un archivo fotográfico que he ido ampliando durante años sobre infraestructuras de Internet. Desde 2018 organizo rutas turísticas por la materialidad de *La nube*, el proyecto se llama *Internet Tour*, con más de cuarenta rutas en diferentes ciudades como Barcelona, Madrid, Zaragoza, Berlín, París, San Francisco. Esta imagen fue tomada durante una clase al aire libre con estudiantes de máster de varias universidades de Barcelona, varios docentes preparamos una sesión conjunta al enterarnos de las obras de construcción del cable. De paso, tiré unas fotos. Malas, tomadas rápidamente, de cualquier manera. Es cierto que no hay ninguna otra fotografía, o por lo menos que yo conozca, que registre la construcción de esa infraestructura, por ello pueden tener un valor documental.

Con relación al uso que haces de las imágenes, en este proyecto has generado e introducido más de setecientas en Google Maps, gracias a las cuales nos ofreces la experiencia imposible, mágica, de caminar por el interior de un cable de fibra óptica, a través del modo *Street View*. En tu trabajo conviven esta dimensión onírica, posible gracias a las herramientas digitales, con una aproximación crítica a las mismas y a su desmoronada promesa de emancipación y sostenibilidad. Me interesa cómo sigues encontrando posibilidades imaginativas, significativas, matéricas en estos fenómenos digitales que en la actualidad parecen atravesar un momento especialmente distópico.

    Espero que brille más la imaginación que el contexto tecnológico. Si te fijas, hay sistemas mucho más sofisticados para recrear esa imagen imposible dentro de un hilo de fibra óptica: he usado una cámara de 360º cuando desde hace años se están usando escáneres 3D para digitalizar arquitecturas interiores; así que, en cierta manera, recurro a una tecnología desfasada. Un cable llamado Medusa, que conecta el norte de África con el sur de Europa, no puede vender una imagen de progreso o futuro.

    Me interesa Internet y la condición digital como elementos que forman parte del aparato de representación. Cuando Vito Acconci en *Blinks* (1969) aprieta el disparador de su cámara cada vez que sus ojos parpadean o cuando Sophie Calle en *The Detective* (1981) se autorretrata desde un sistema de espionaje, hacen evidente que las representaciones del mundo no pueden entenderse sin el aparato que permite su producción y que ese aparato reconfigura la temporalidad y los límites del cuerpo.

    Internet forma parte de un proceso de sincronización global que bien podría comenzar, por ejemplo, en la segunda mitad del siglo XIX con la instalación del telégrafo transatlántico. Esta temporalidad es el aparato de representación planetaria a través del cual miramos y representamos el mundo. Me interesa la materialidad y los protocolos de telecomunicación porque quiero saber dónde y cuándo se levanta el espejo de la cámara en este dispositivo.

Efectivamente, son aparatos que construyen y moldean subjetividades y distintas maneras de estar en el mundo. Pienso que cada época ha tenido sus propios dispositivos, aunque ahora, como apuntas, son globales, lo que me hace tomar mayor consciencia de que nuestra posición y nuestra mirada se sitúan en Occidente. Me interesa la dislocación de esos aparatos de poder y control que provoca el arte contemporáneo, siendo ahí donde reside tanto su fuerza como su naturaleza inútil. Me parece que tu trabajo se sitúa en un lugar de cierta improductividad, atento a las fallas y grietas de ese aparato de homogeneización y control digital que actúa cotidianamente sobre nuestras vidas. Asimismo, en muchos de tus proyectos, introduces un significativo componente relacional, afectivo y pedagógico.

    Pensadores como Yuk Hui, han identificado esas tensiones entre tecnologías, fallas y homogenización proponiendo conceptos como *tecnodiversidad* y *cosmotécnicas* para poder vislumbrar en la tecnología un potencial descolonizador allí donde ahora solo vemos fuerza productiva y mecanismo capitalista para incrementar la plusvalía. Cito:

        La modernización en cuanto globalización es un proceso de sincronización que hace converger diferentes temporalidades históricas en un único eje temporal global y prioriza formas específicas del conocimiento como fuerzas productivas. Es la tecnología lo que hace posible ese proceso de sincronización [...]. Para poder apartarnos de esta sincronización, necesitamos una *fragmentación* que nos libere de la temporalidad histórica lineal definida por la secuencia Premodernidad-Modernidad-Posmodernidad-Apocalipsis[1].

La respuesta automática de mi correo electrónico, gracias a la cual contesto a todo el mundo desde hace once años, «*Thanks for your email, I am sleeping*», podría ser algún tipo de tecnodiversidad. Una apropiación que responde a un conflicto con la cosmovisión acechante de que todo segundo es idéntico a otro segundo y, por lo tanto, intercambiable. Me gusta alterar este tipo de sistemas que nos vienen dados, su uso se vuelve una práctica simbólica, como una tecnología no *tecnologizante*.

Para terminar, me contabas que durante la construcción del Medusa Submarine Cable System se detectaron sustancias cancerígenas como plomo, arsénico o cadmio en la playa de Sant Adrià de Besòs, lo que motivó su cierre durante cuatro años hasta su reciente reapertura en 2025. Me pregunto qué grado de preocupación por la ecología subyace en tu trabajo.

Las sustancias químicas en Sant Adrià de Besòs provienen del pasado industrial de la zona, una aparición que interrumpe el relato sobre conectividad, progreso y desarrollo. Uno de tantos fantasmas enterrados bajo arena, iPhones y cremas bronceadoras. Investigando sobre telecomunicaciones, fueron apareciendo temas muy vinculados a la crisis ecosocial como pueden ser el extractivismo, los residuos, el agua o la energía. Abordar esa interrelación entre fenómenos remotos me parece una aproximación interesante desde las prácticas artísticas a un concepto de *planetariedad*.

1   Yuk Hui, *Fragmentar el futuro. Ensayos sobre tecnodiversidad*, Tadeo Lima (trad.), Buenos Aires, Caja Negra, 2020, pp. 12-13. Las cursivas pertenecen al original.

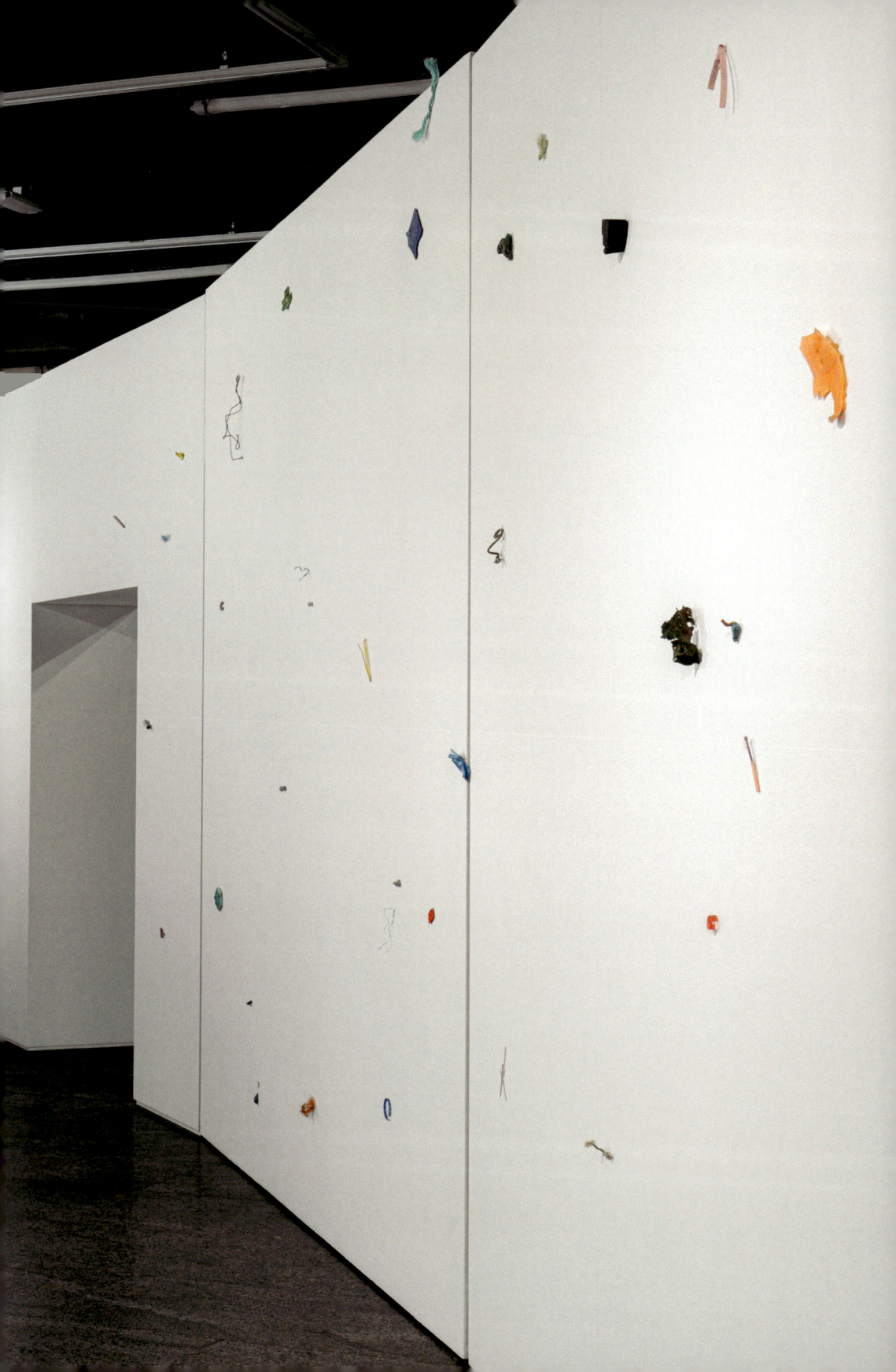

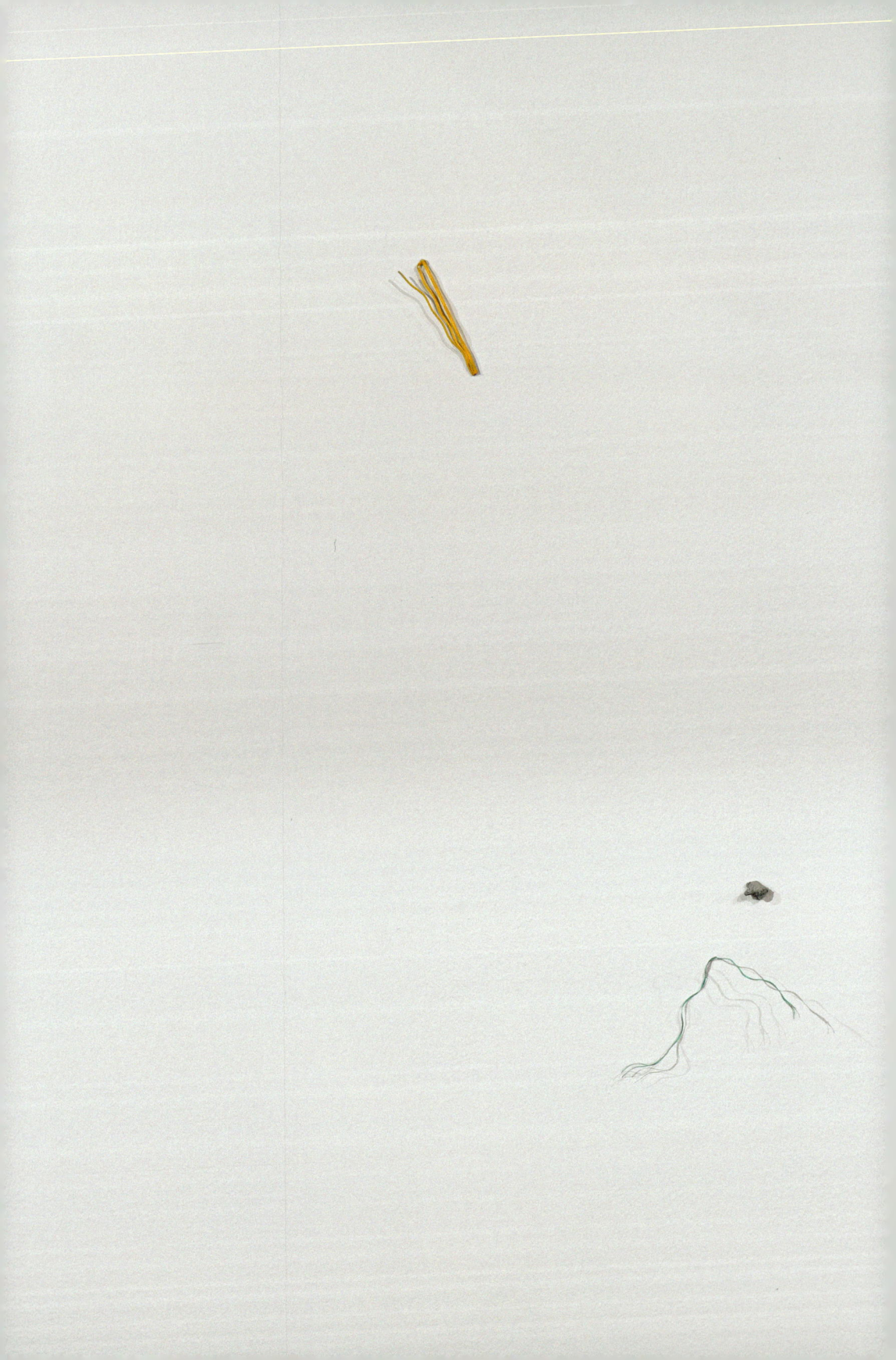

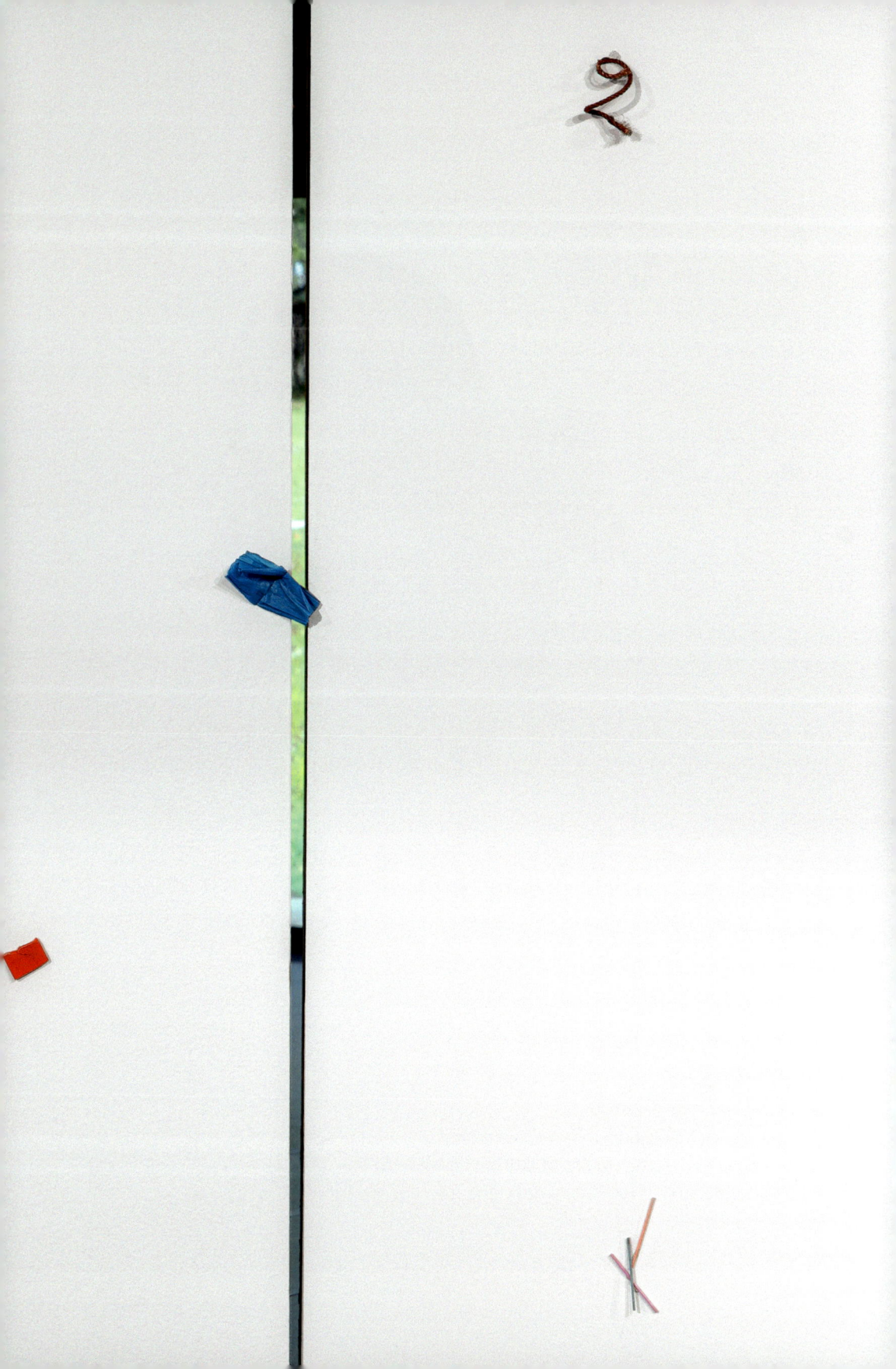

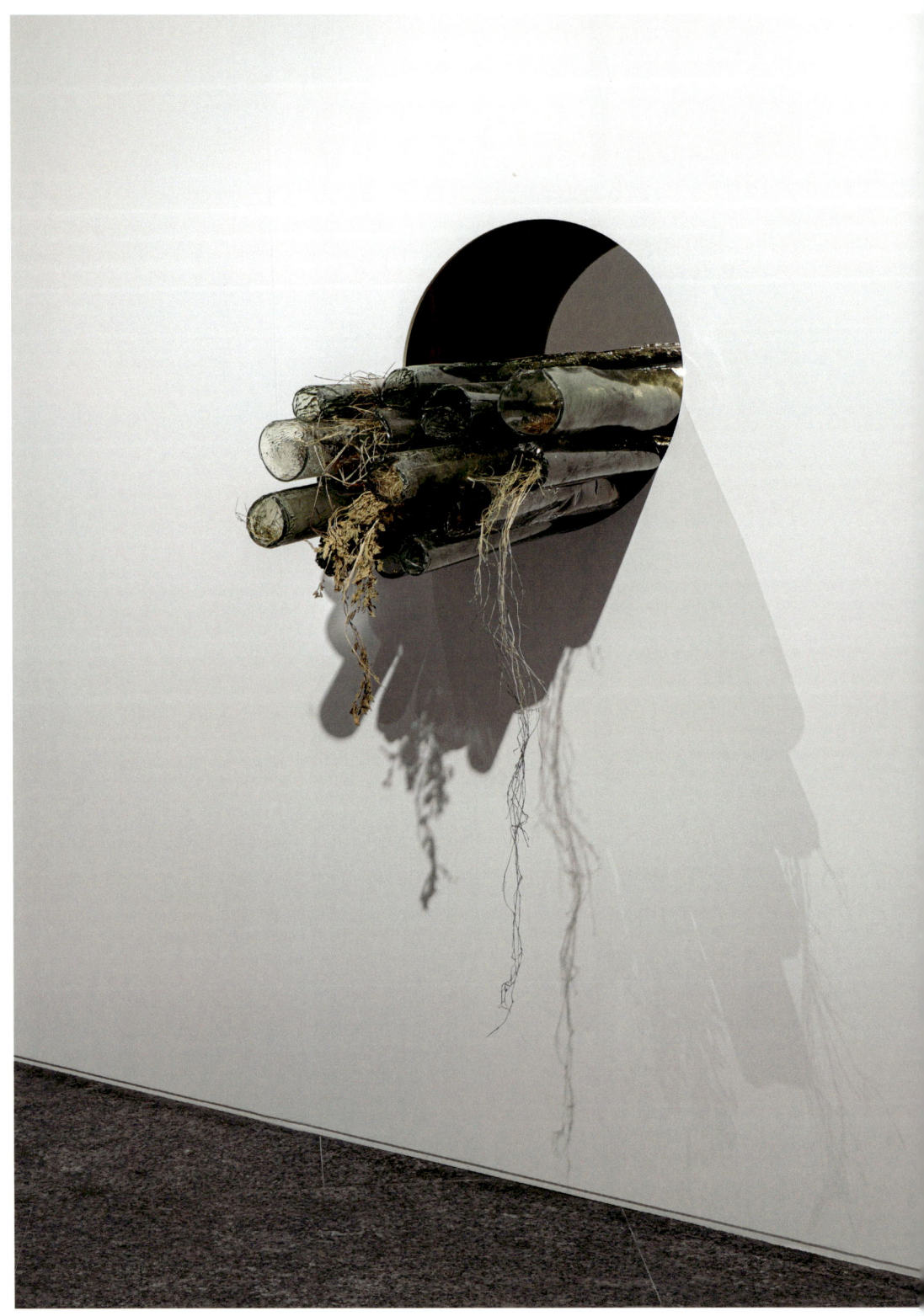

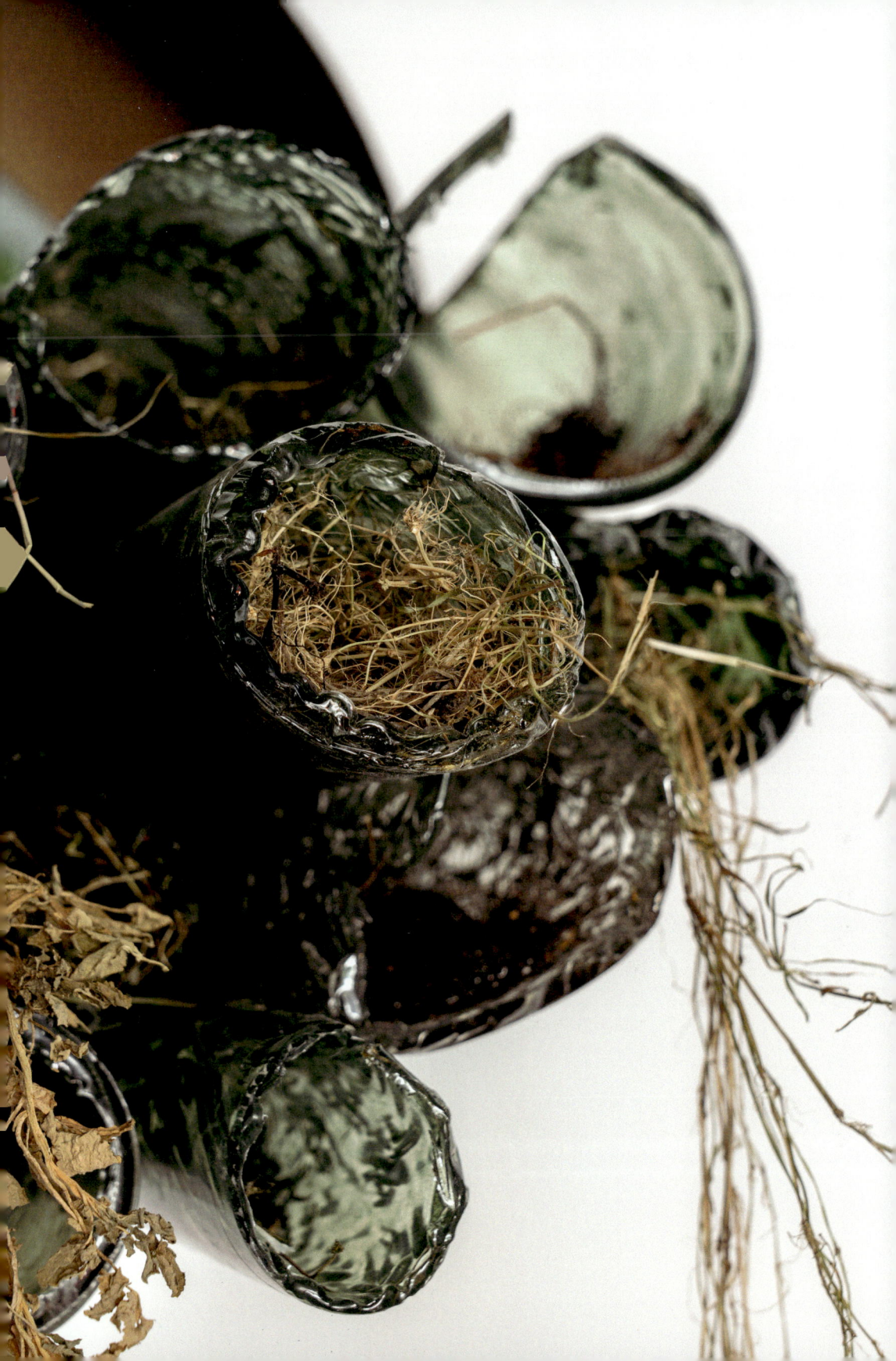

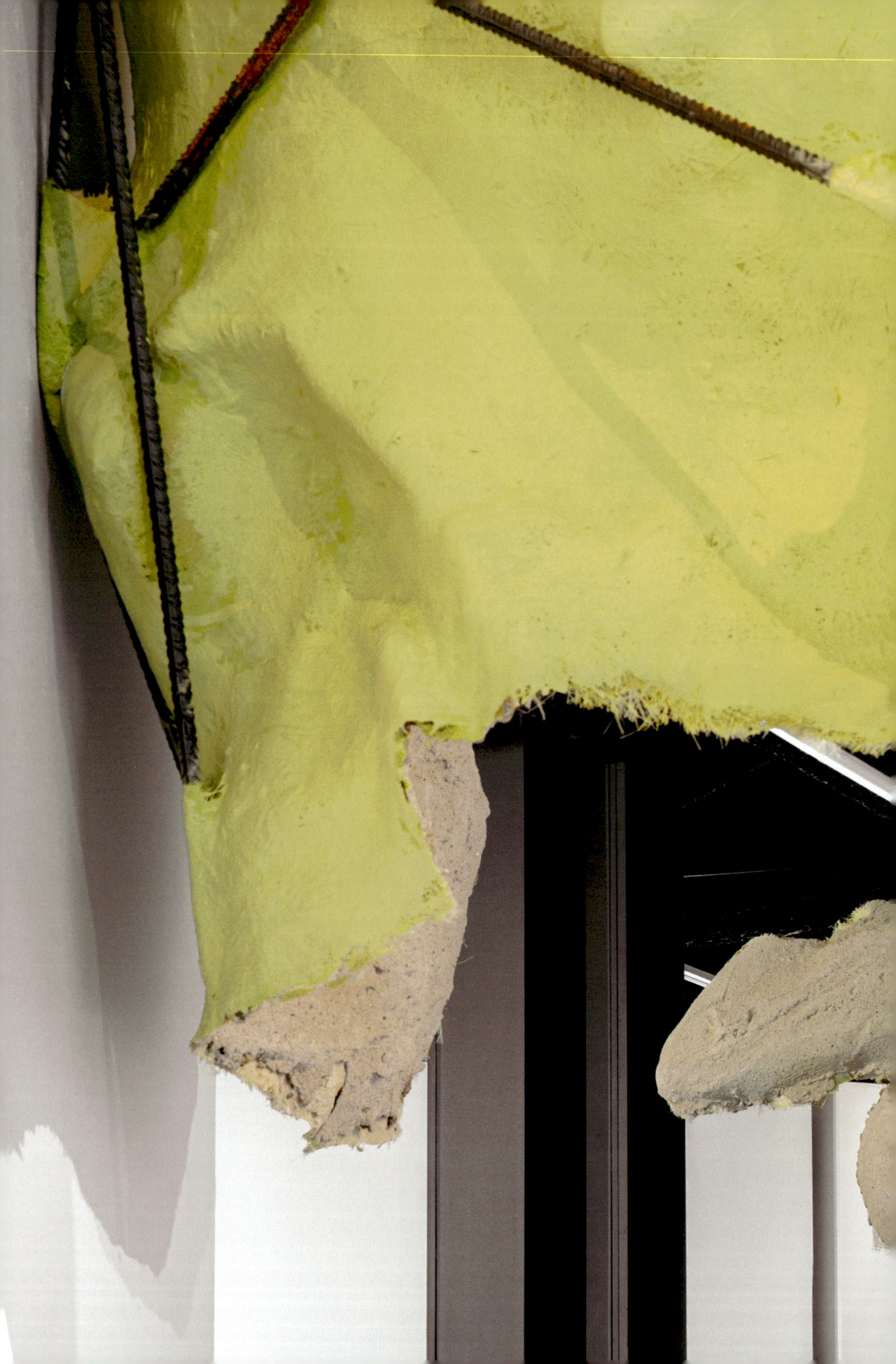

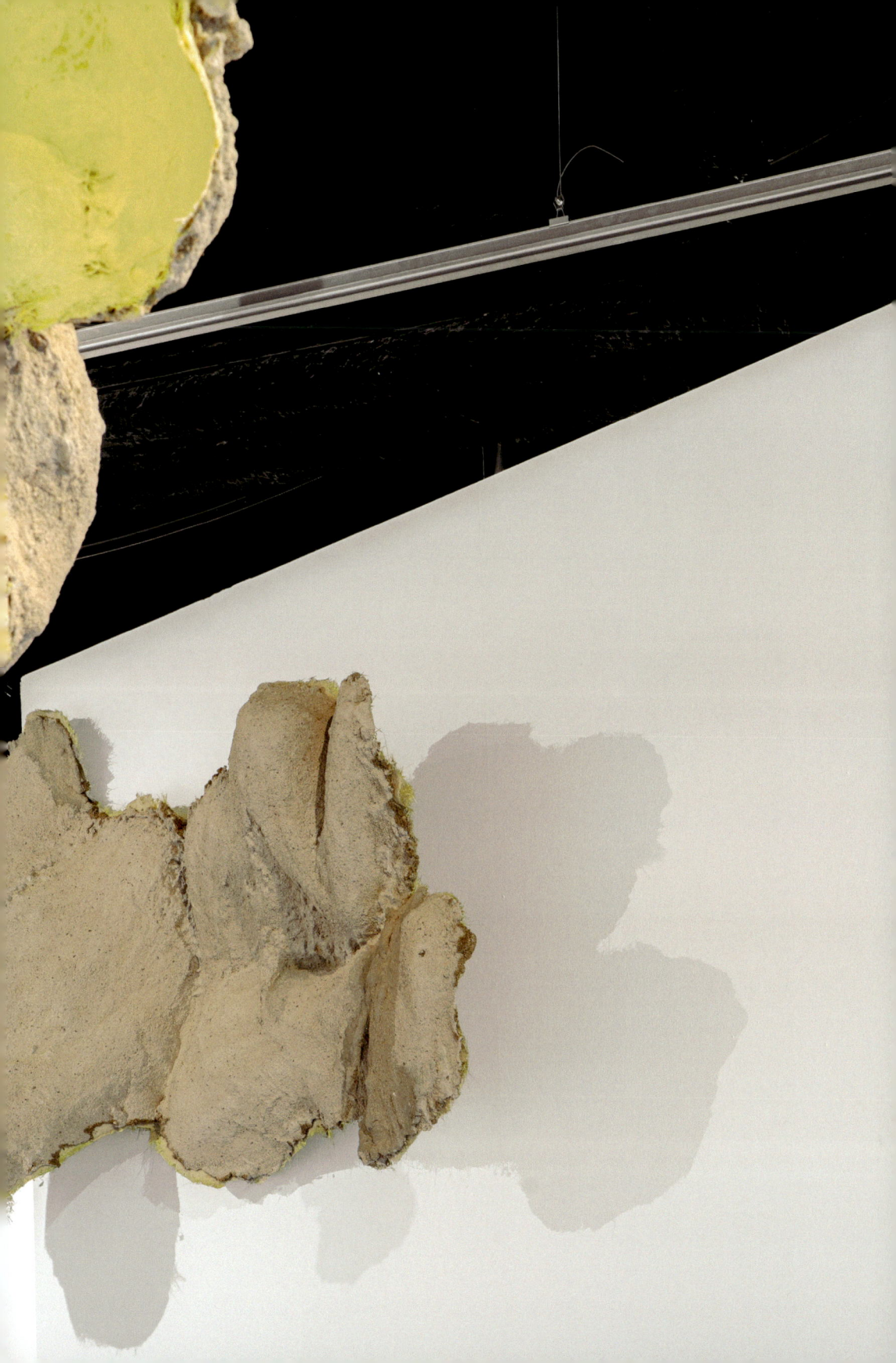

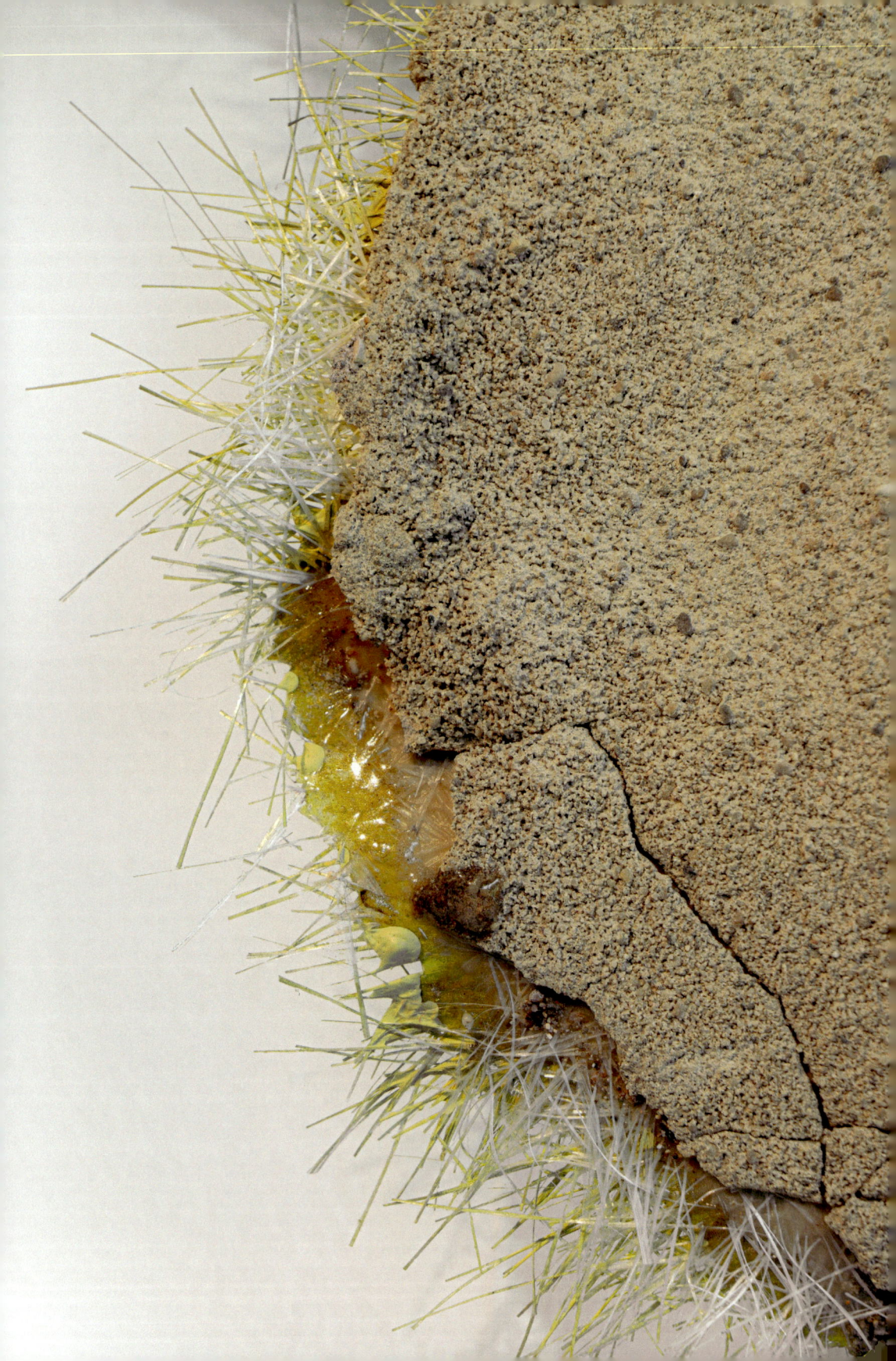

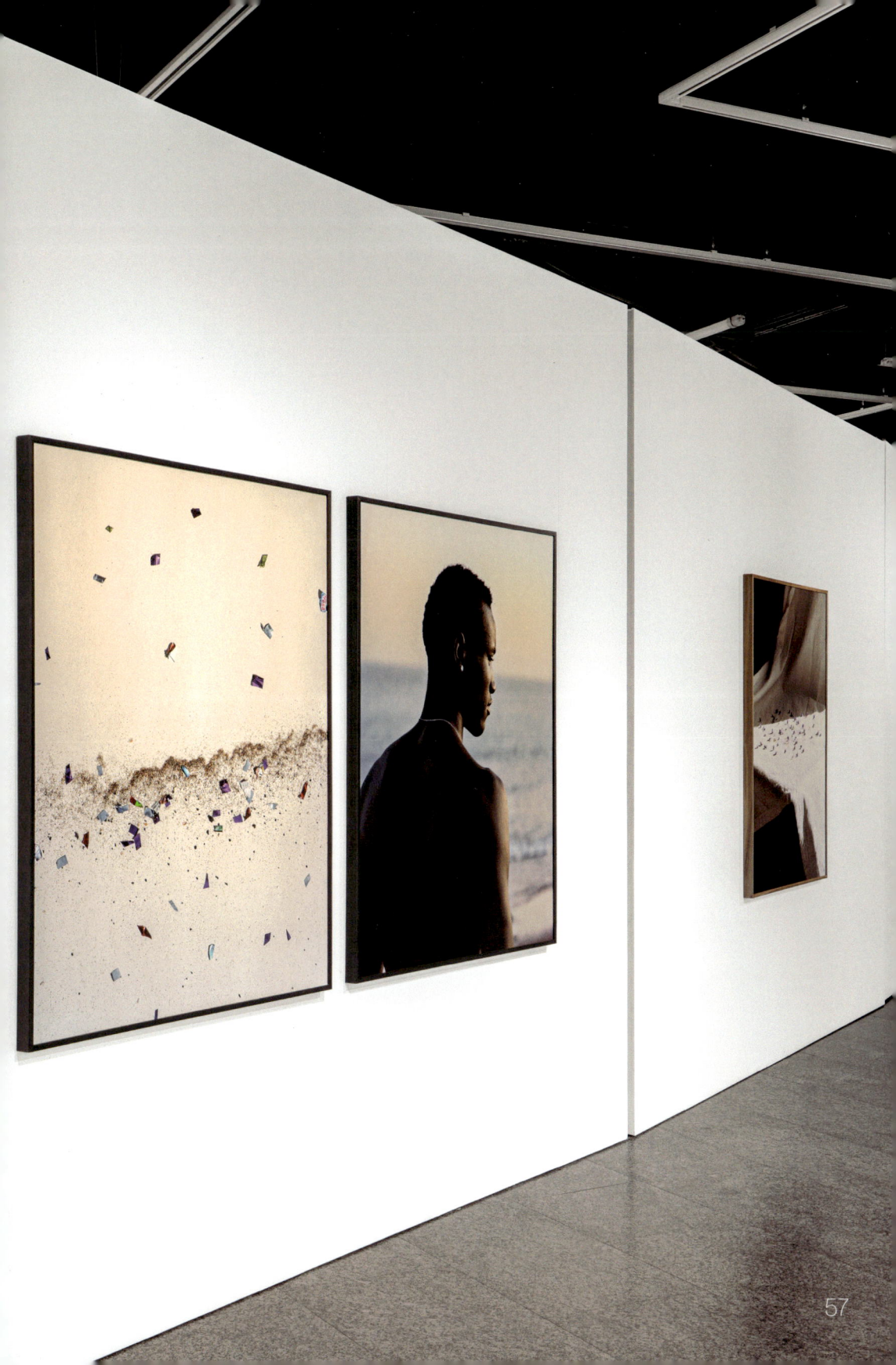

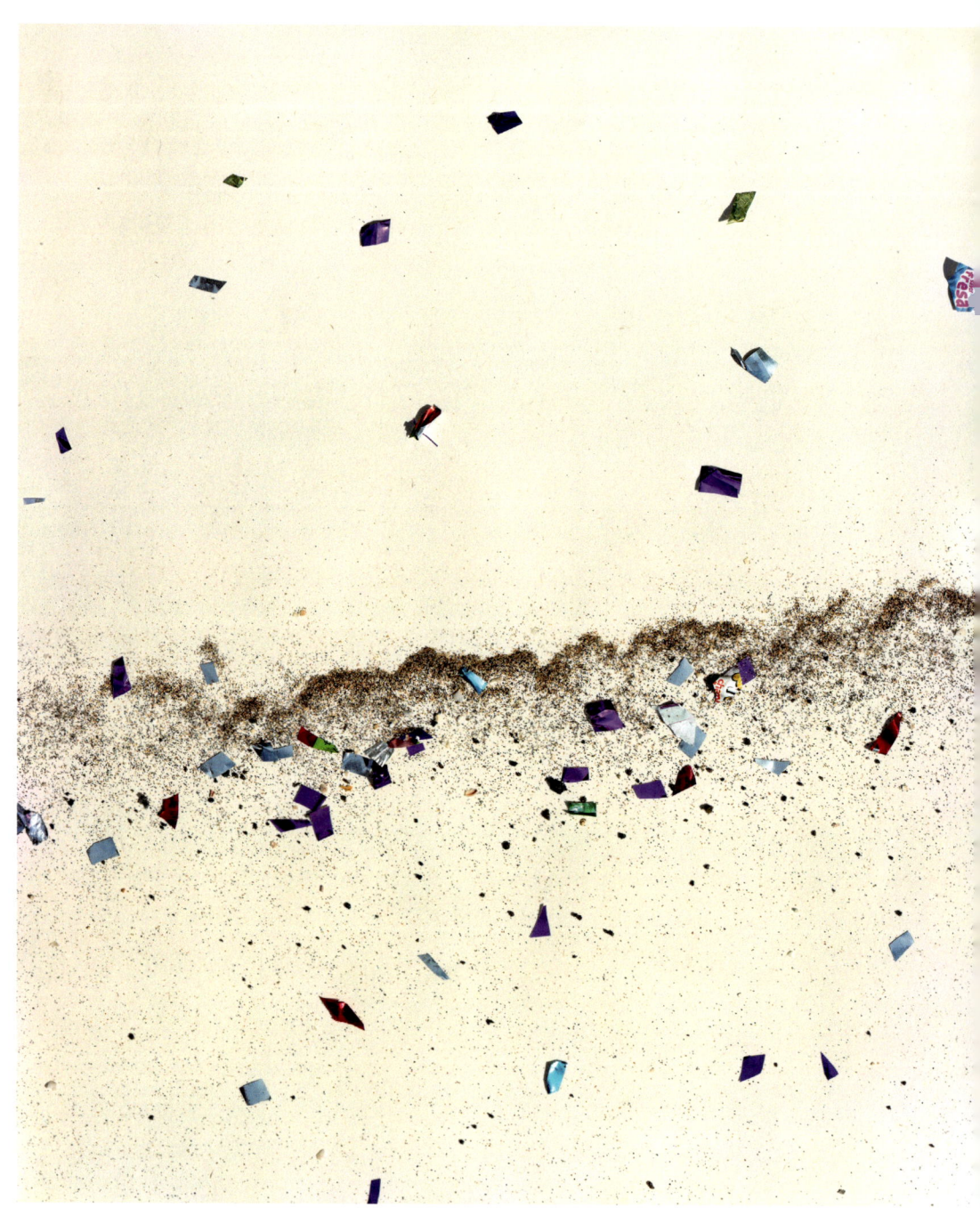

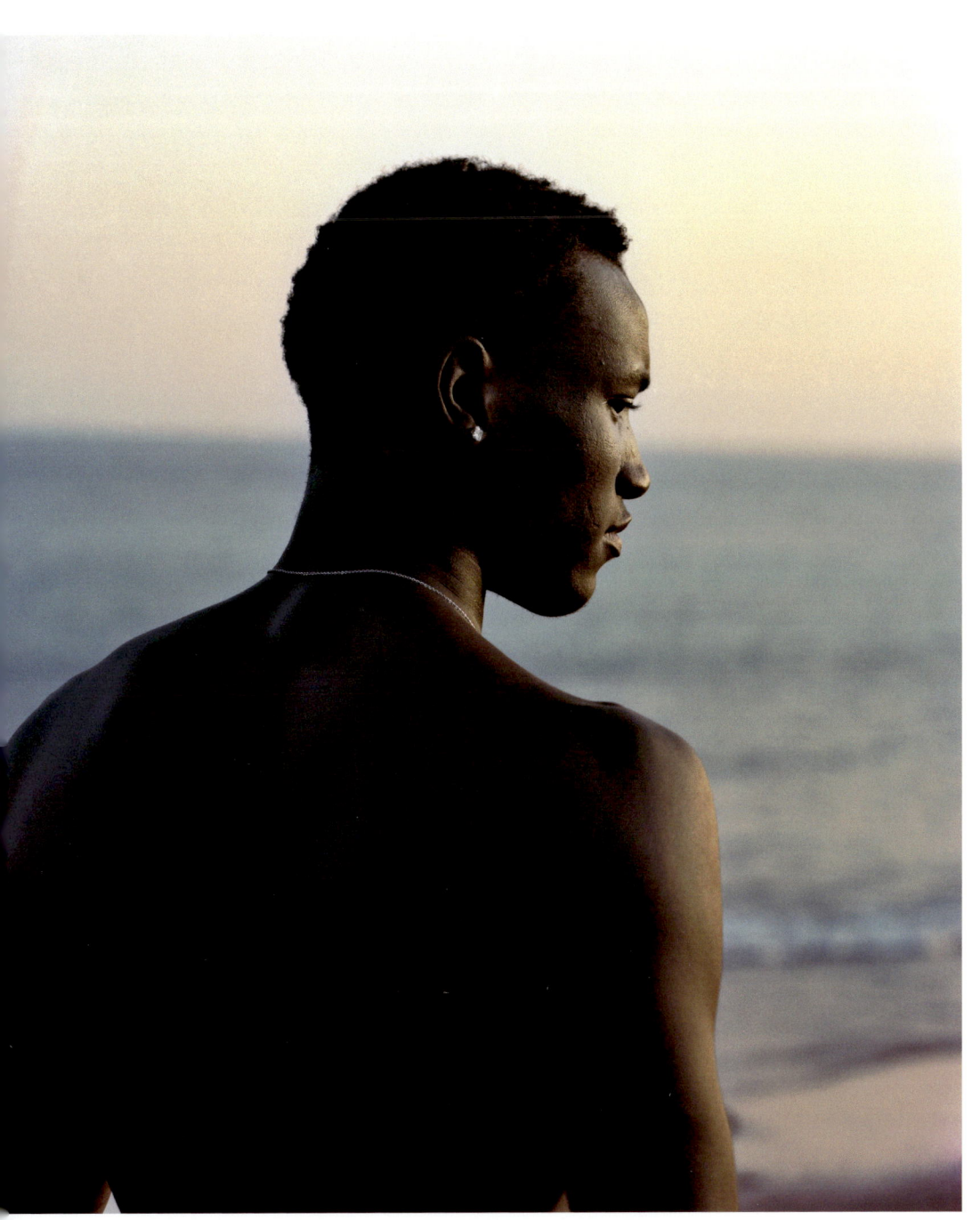

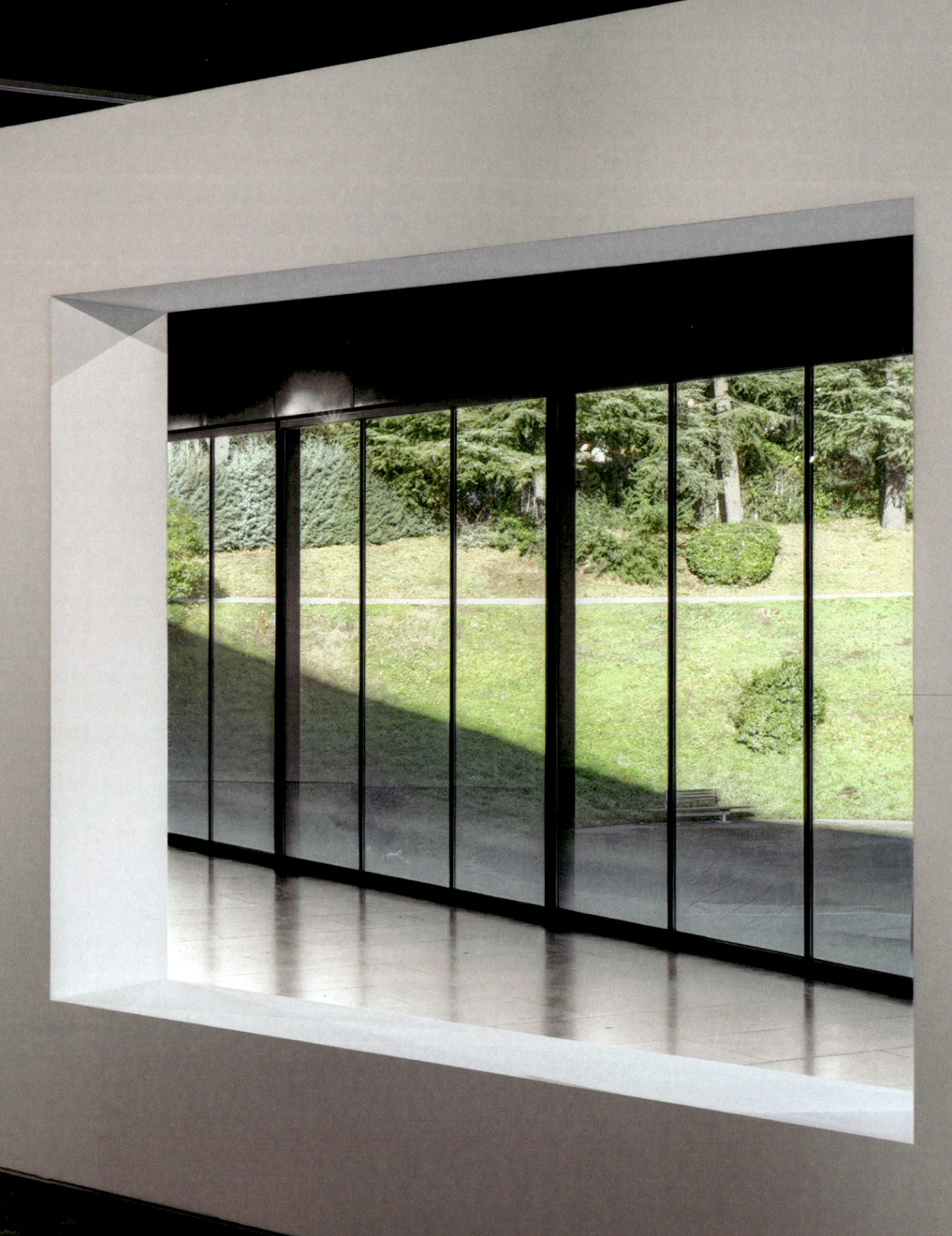

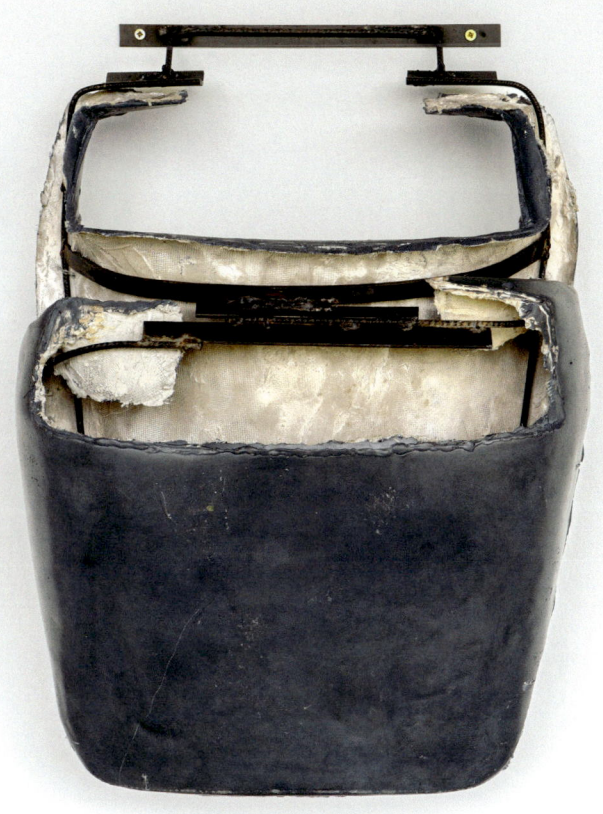

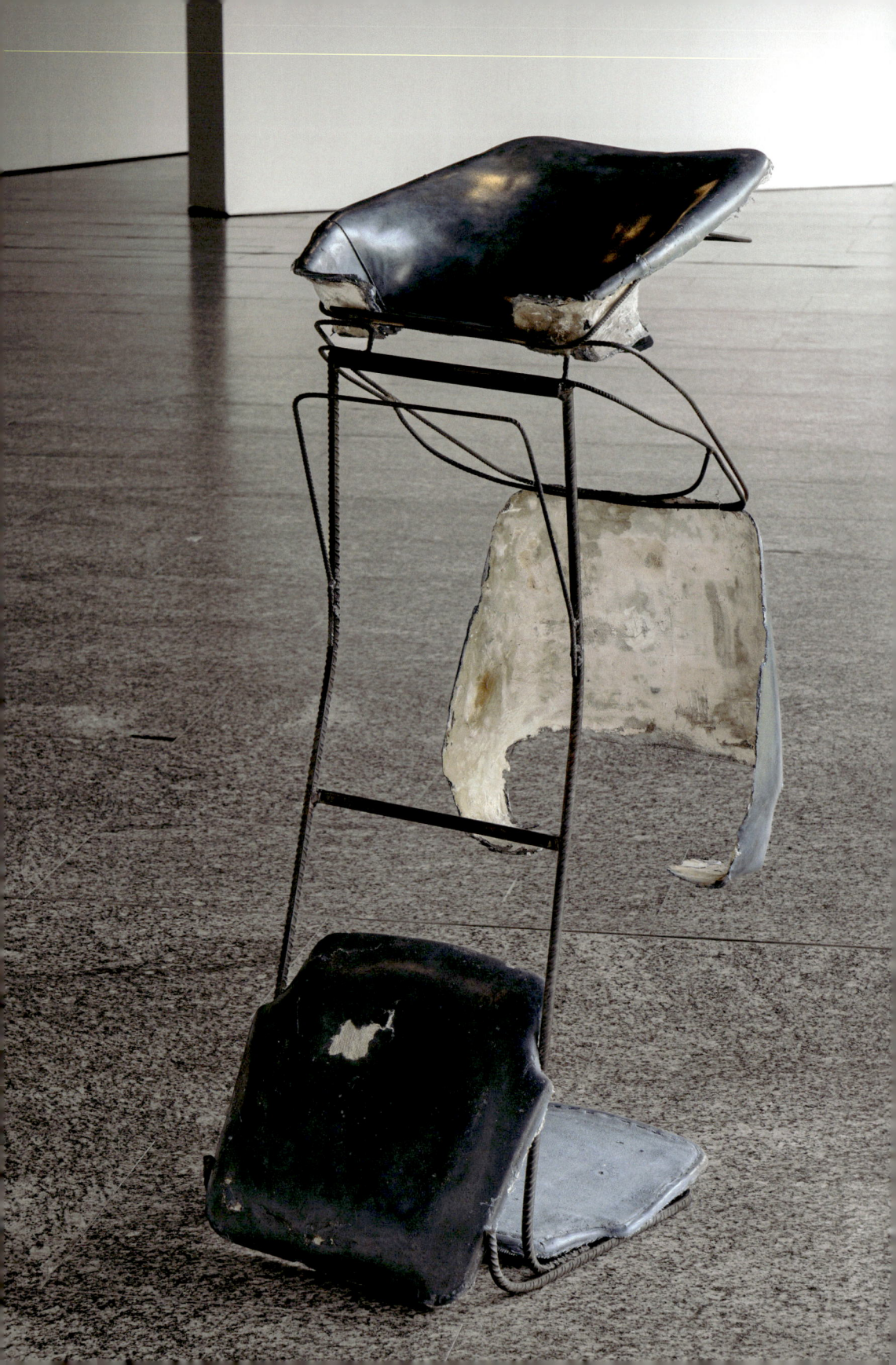

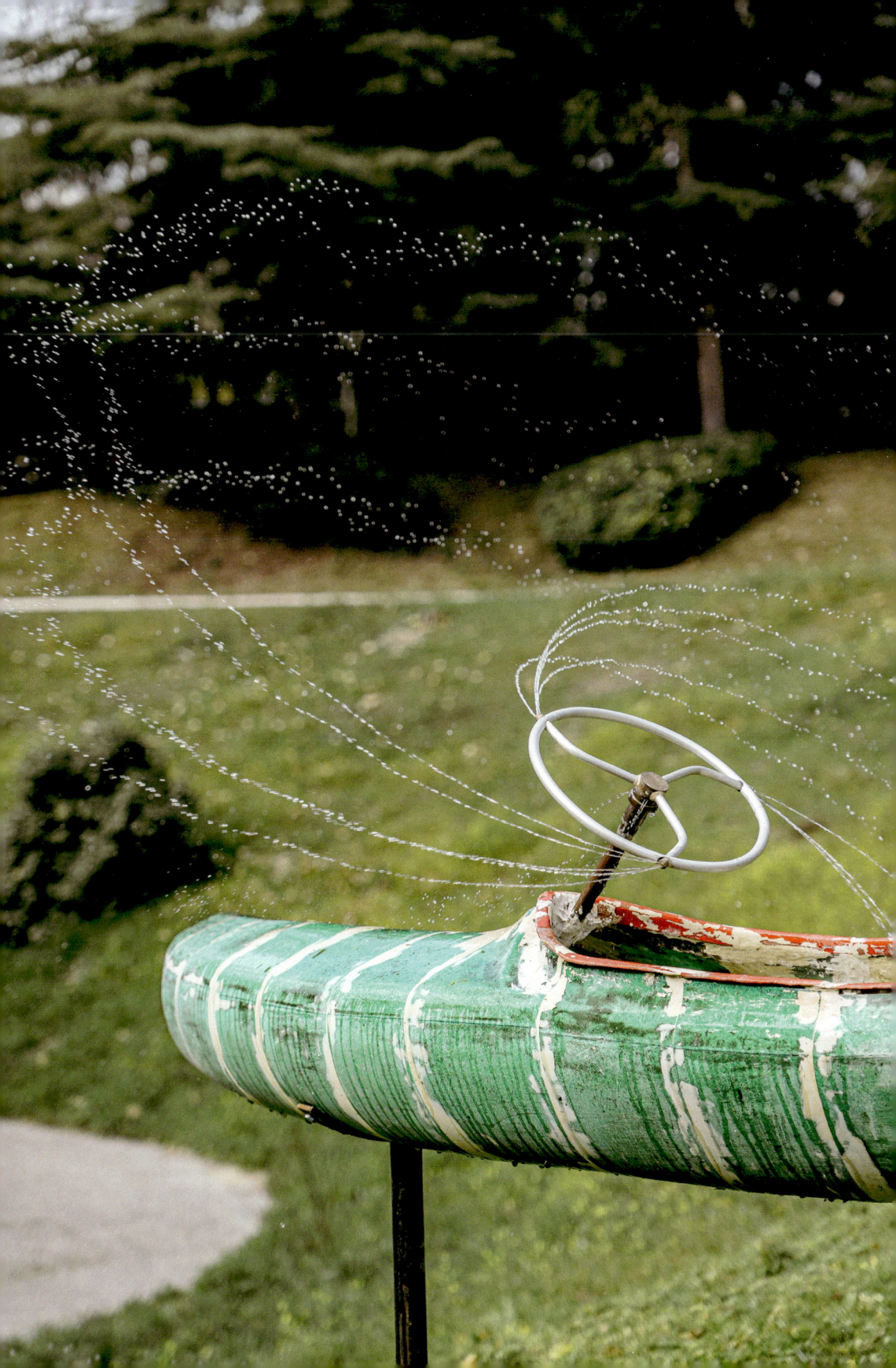

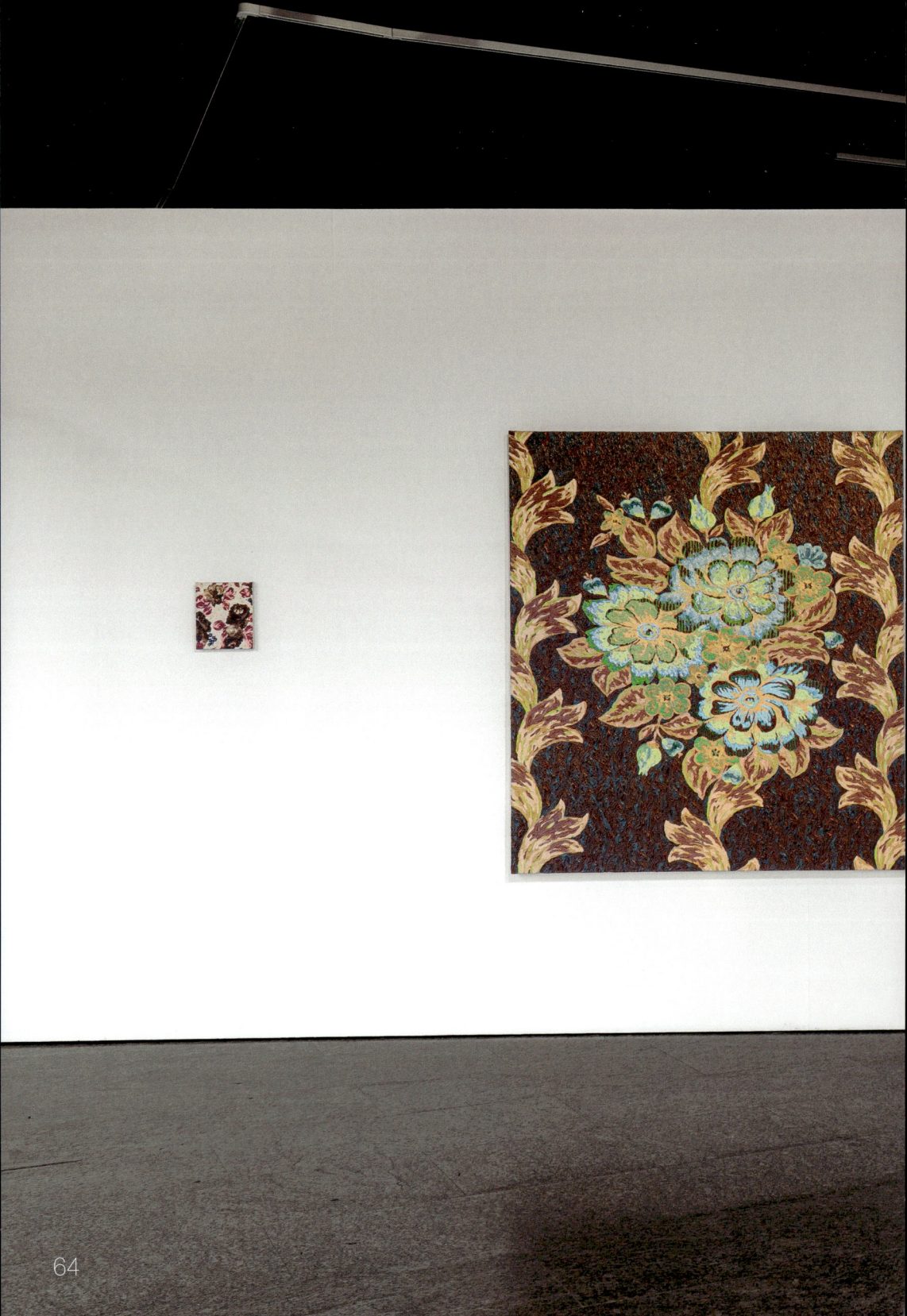

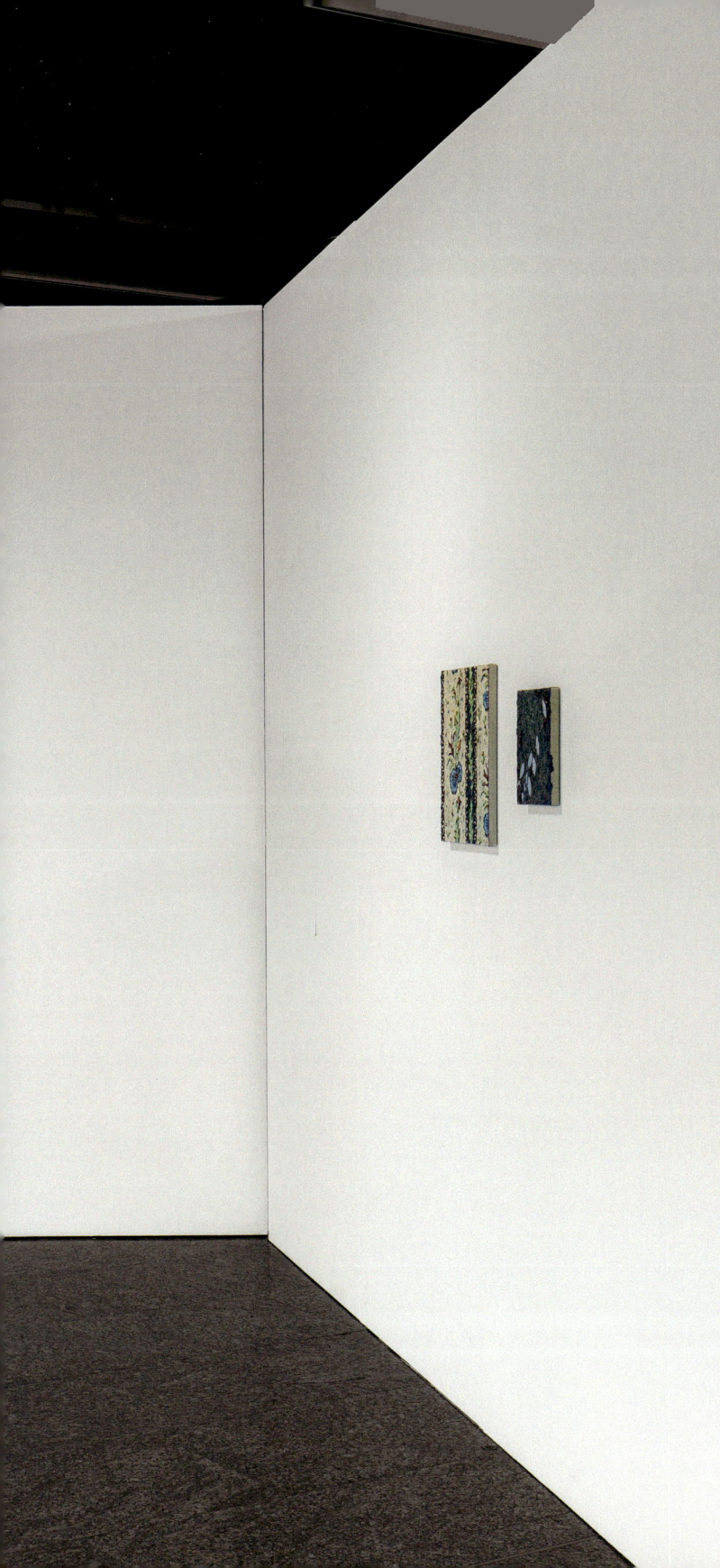

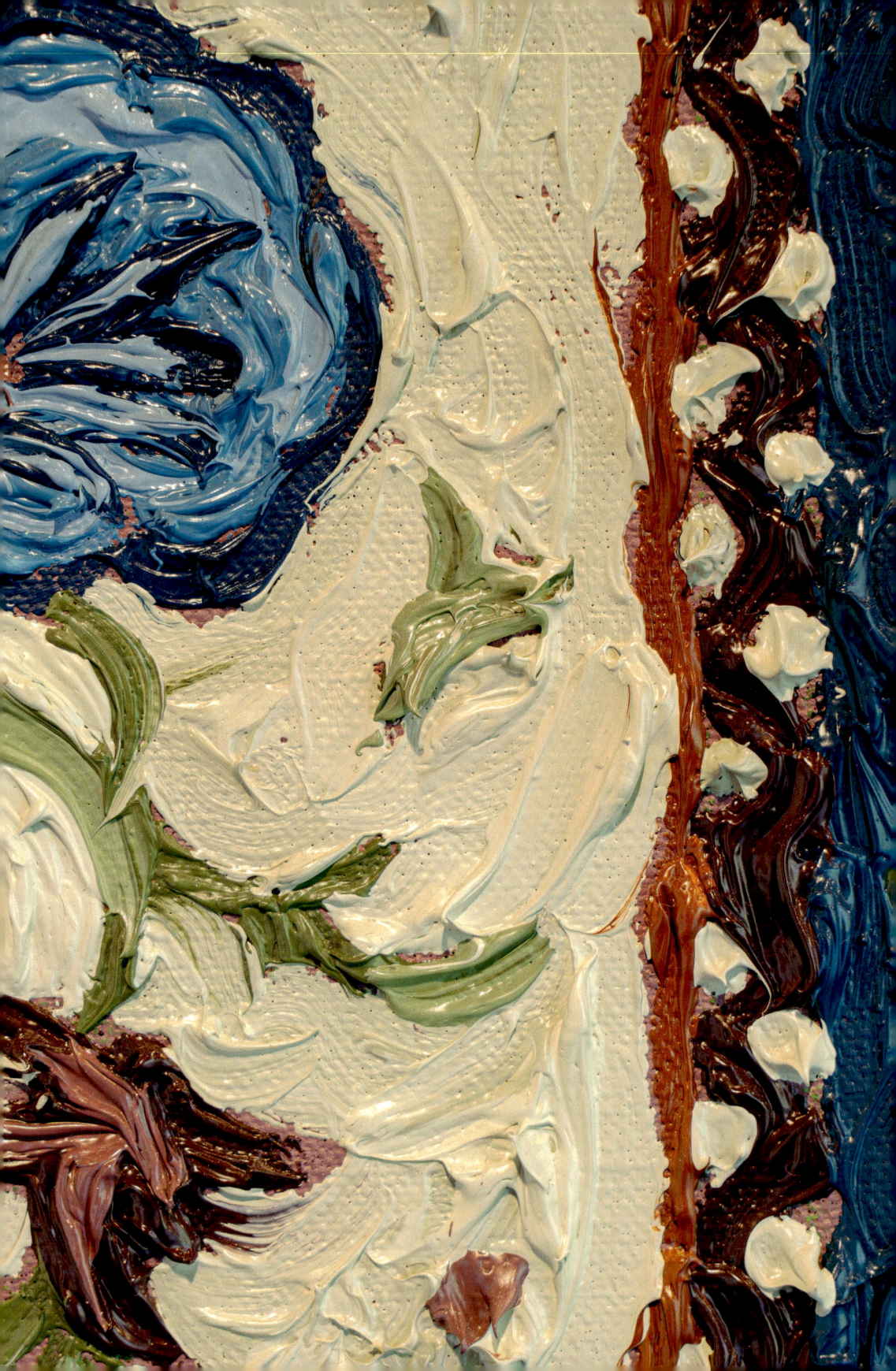

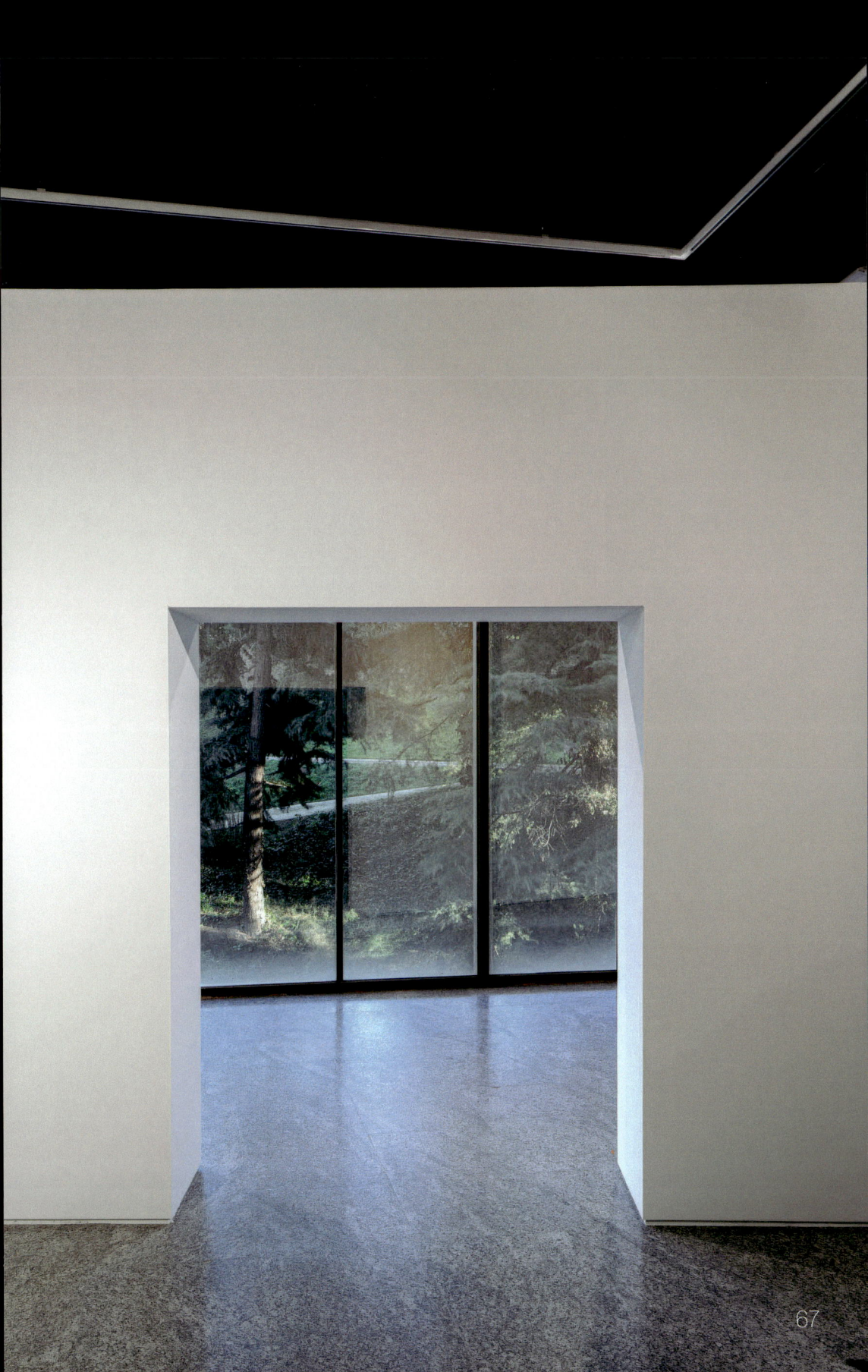

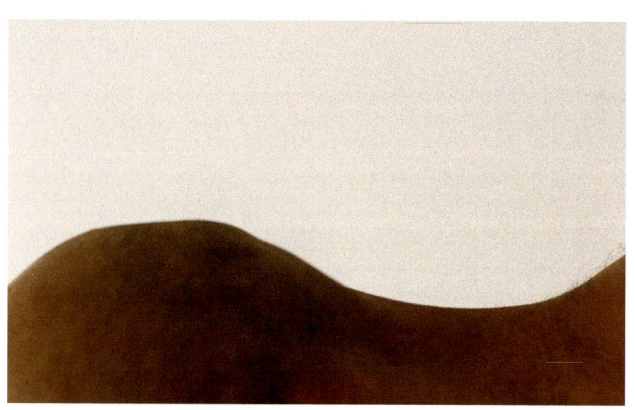

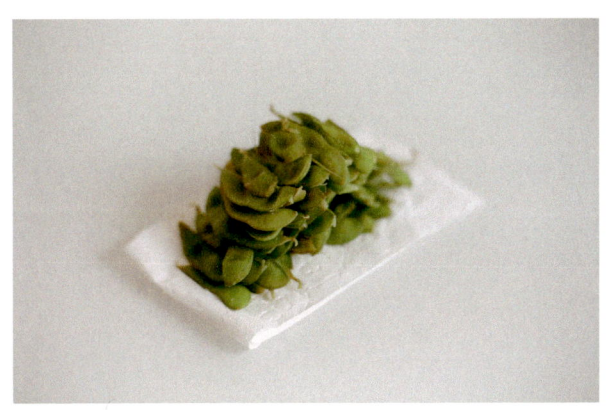

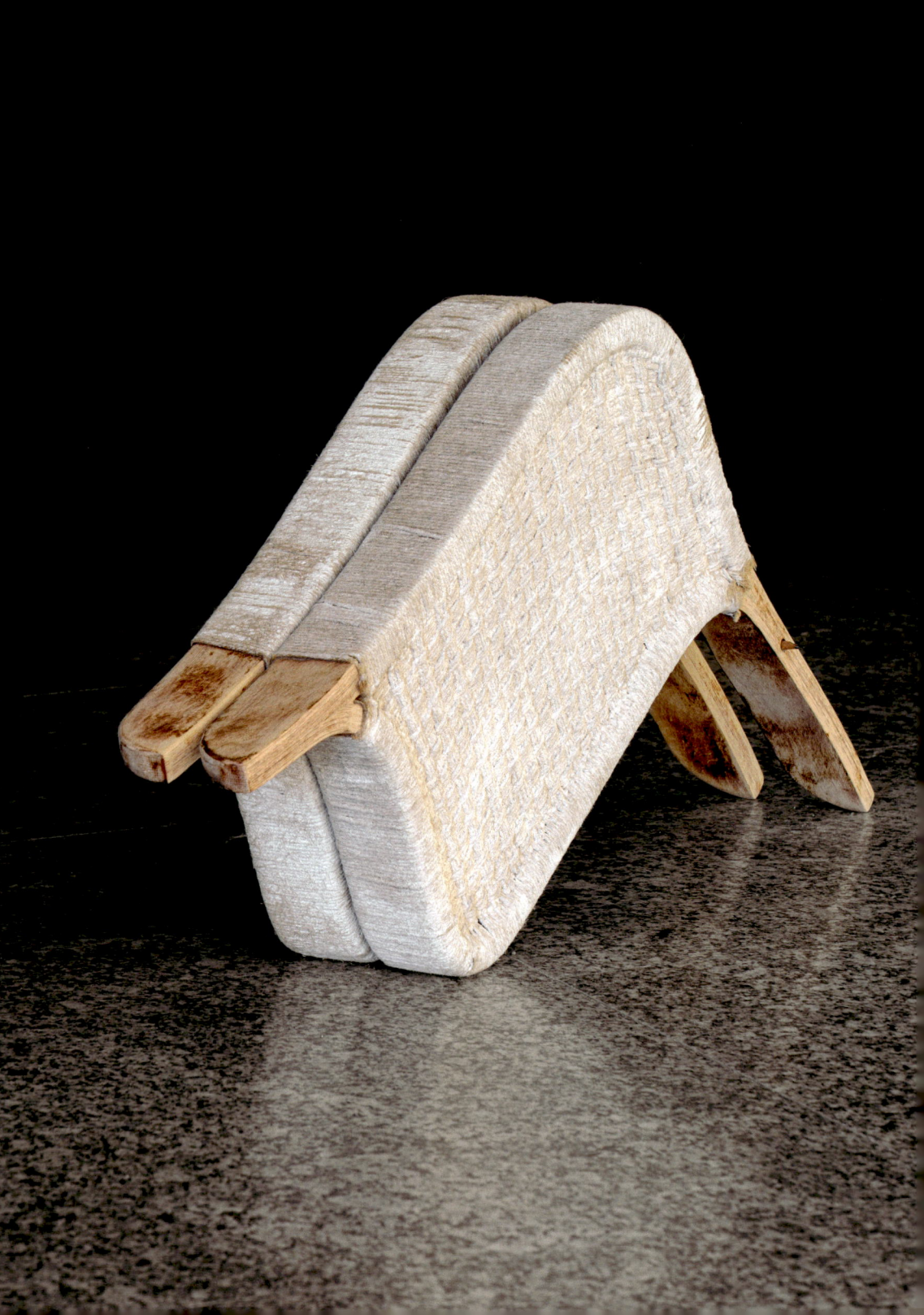

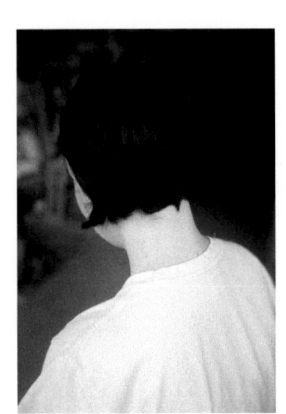

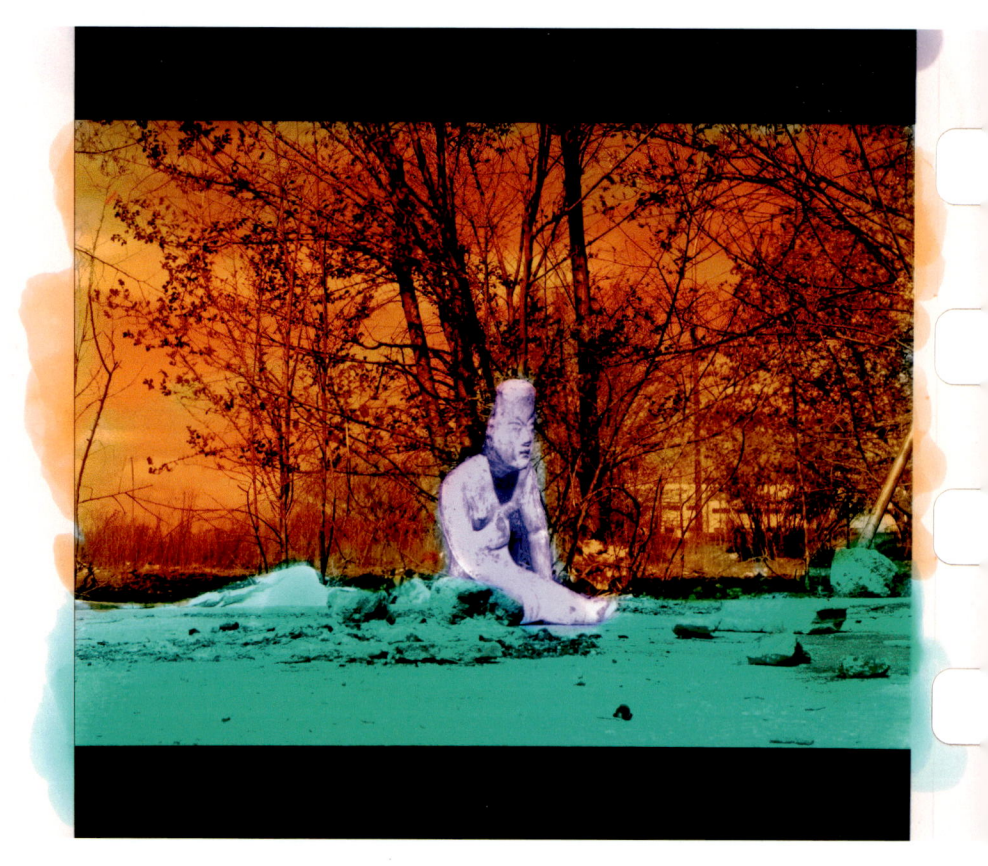

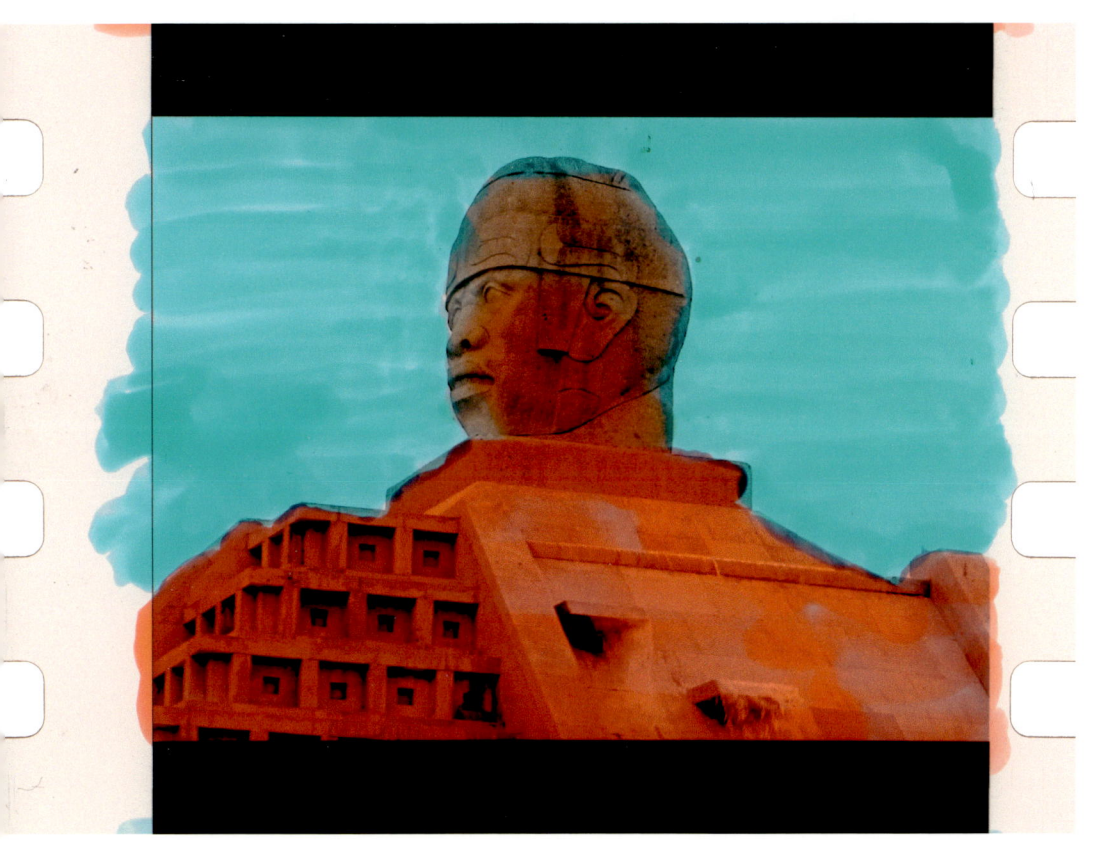

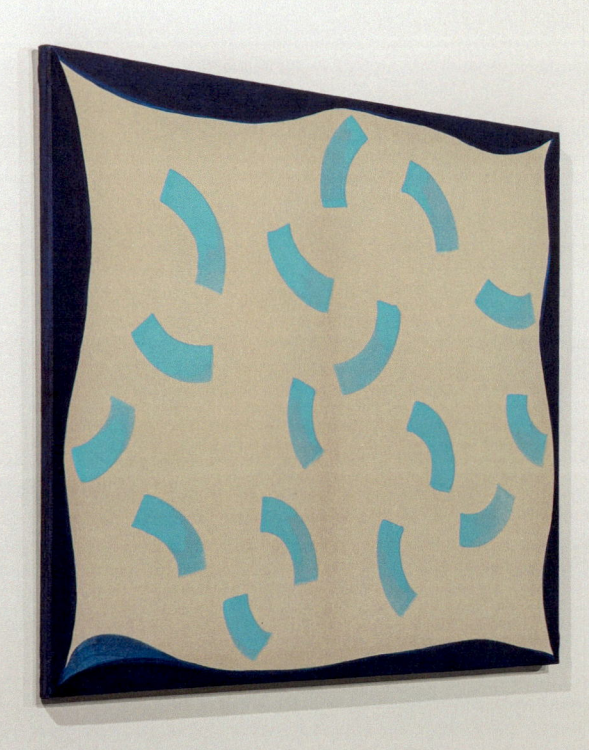

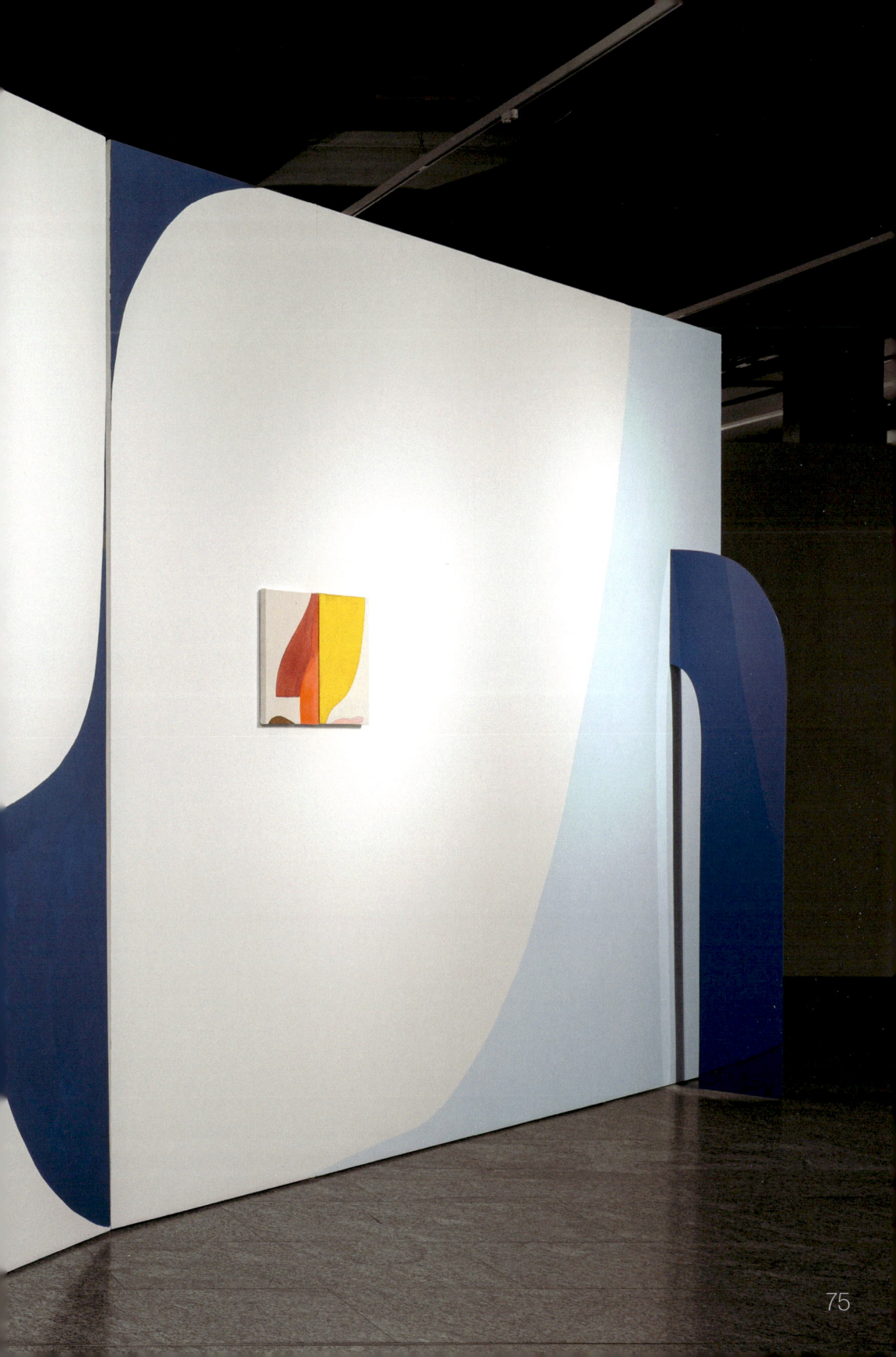

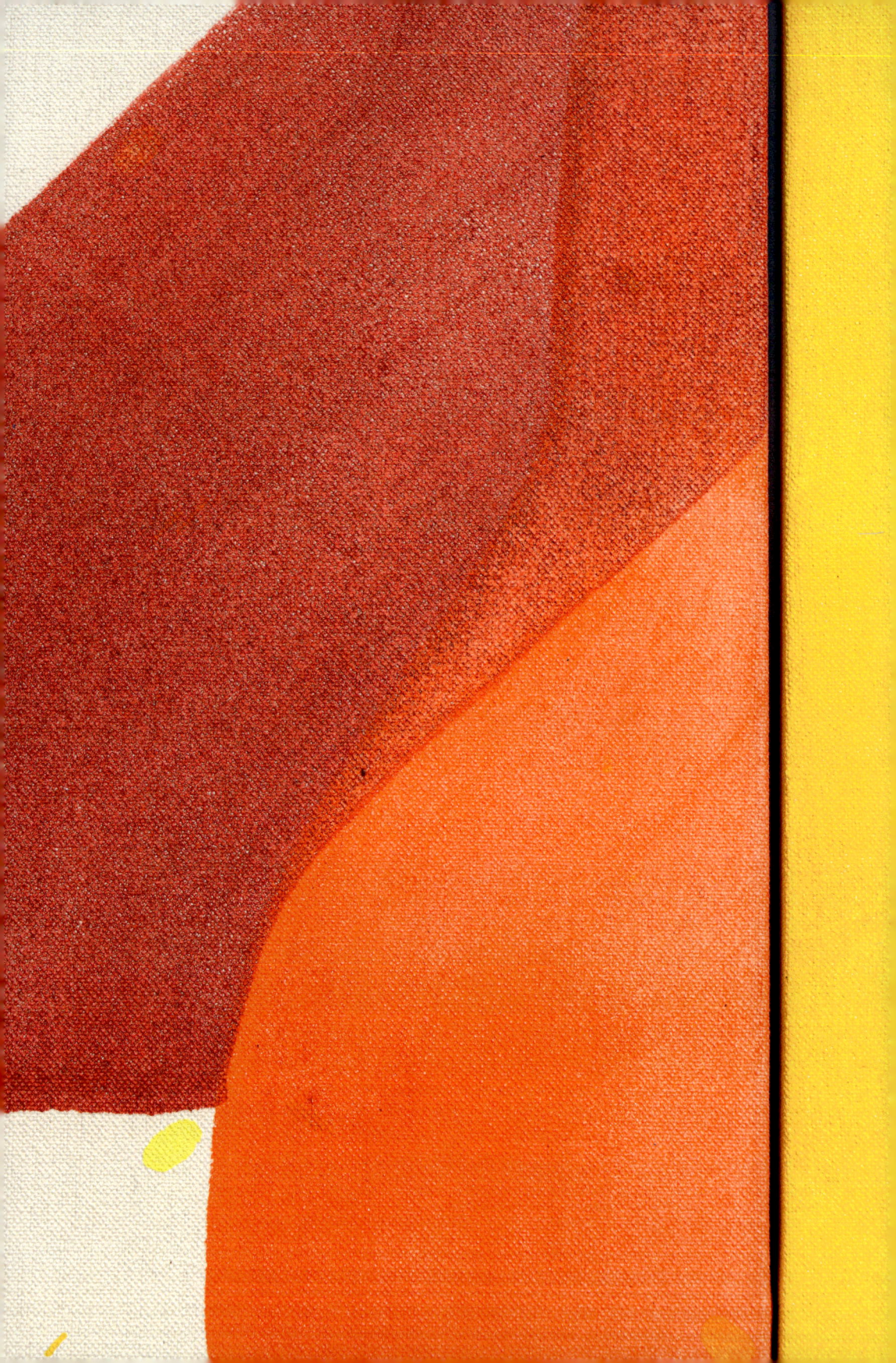

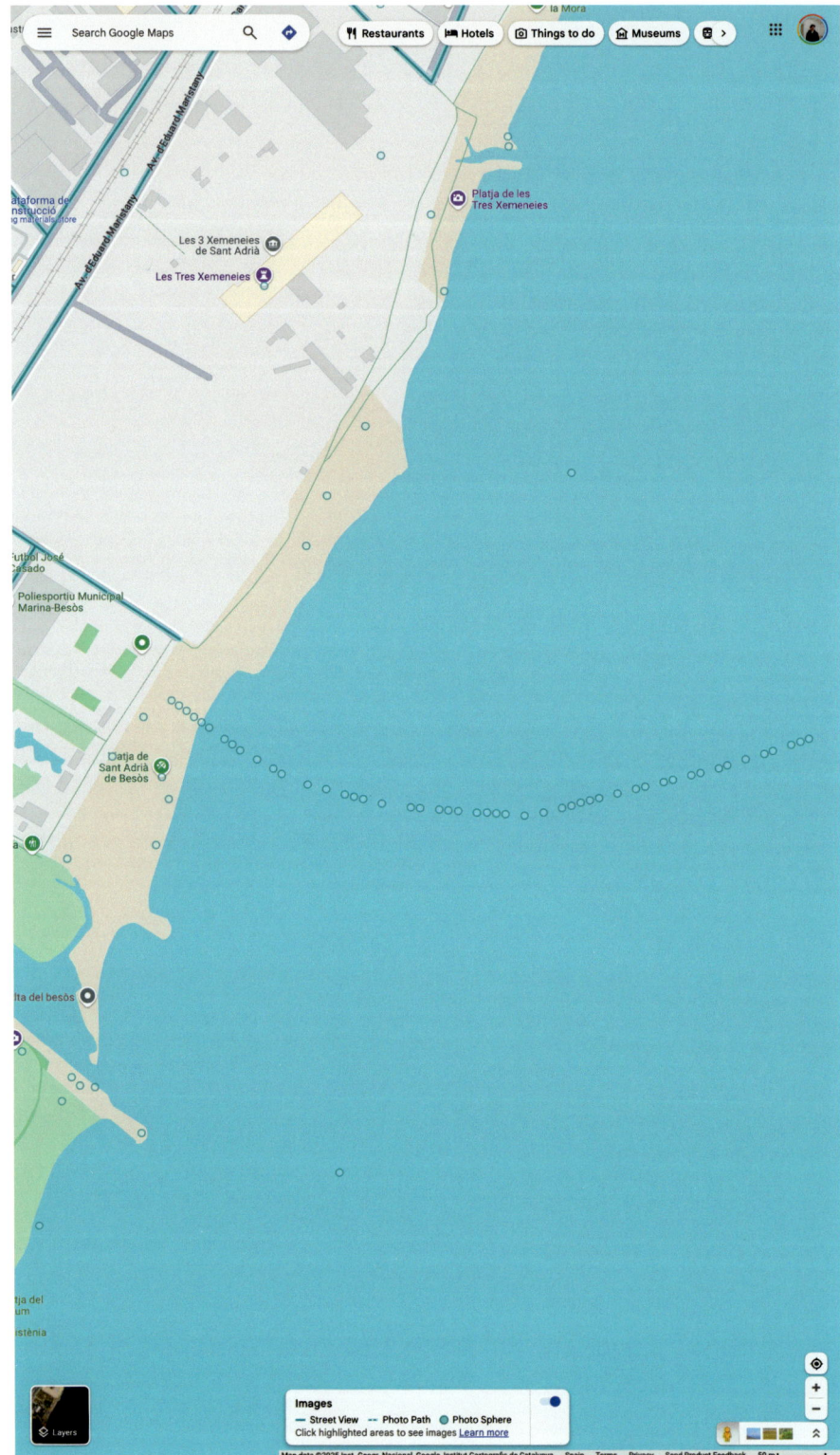

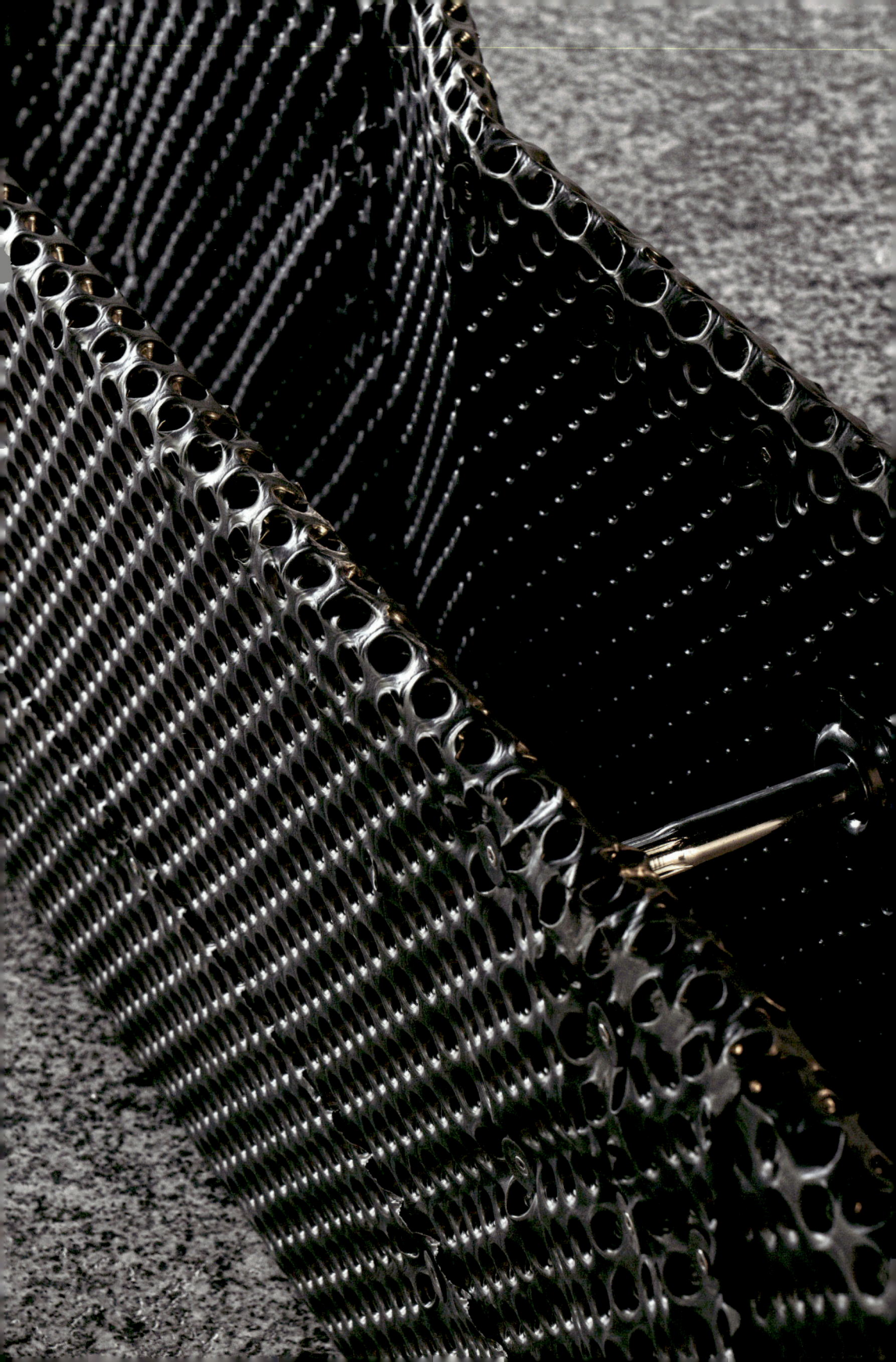